AF665916

Les racines secrètes de l'ontologie ou la question de la Chose

Heidegger avec Kant, Bataille et Lacan

Ouverture philosophique

Collection dirigée par, Dominique Chateau,
Jean-Marc Lachaud et Bruno Péquignot

Une collection d'ouvrages qui se propose d'accueillir des travaux originaux sans exclusive d'écoles ou de thématiques.

Il s'agit de favoriser la confrontation de recherches et des réflexions, qu'elles soient le fait de philosophes « professionnels » ou non. On n'y confondra donc pas la philosophie avec une discipline académique ; elle est réputée être le fait de tous ceux qu'habite la passion de penser, qu'ils soient professeurs de philosophie, spécialistes des sciences humaines, sociales ou naturelles, ou… polisseurs de verres de lunettes astronomiques.

Dernières parutions

Julie RUOCCO, *Et si jouer était un art ? Notre subjectivité esthétique à l'épreuve du jeu vidéo,* 2016

Anne BOUILLON, *Gilles Deleuze et Antonin Artaud. L'impossibilité de penser*, 2016.

Fabrice JAMBOIS, *Deleuze et la mort, Chemins dans l'anti-Œdipe*, 2016.

Paul DUBOUCHET, *L'esprit du catholicisme d'apres René Girard*, 2016.

Nikolaos FOUFAS, *Marx et la Grèce antique, La lutte des classes dans l'Antiquité*, 2016.

Bruno TRENTINI, *Interpréter l'art*, 2016.

Michel FATTAL, *Augustin, penseur de la raison ? (*Lettre *120, à Consentius),* 2016.

Fabrice MOUSSIESSI, *Penser l'épistémologie non classique des mathématiques chez Imré Lakatos,* 2016.

Gérard GOUESBET, *Violences des Hommes*, 2016.

Dominique CHATEAU, *Ontologie et représentation*, 2016

Philippe FLEURY, *Walter Benjamin, Un itinéraire philosophique*, 2016.

Paul DUBOUCHET, *Le « scandale Joseph de Maistre »*, 2016.

Pierre LAMBLE, *Le temps des monstres, Conscience humaine et violence de l'état, tome 4*, 2016.

Joël Balazut

Les racines secrètes de l'ontologie ou la question de la Chose

Heidegger avec Kant, Bataille et Lacan

L'Harmattan

Du même auteur
Chez le même éditeur

L'impensé de la philosophie heideggérienne. L'essence du tragique, 2007.

Heidegger, 2008.

Art, tragédie et vérité, 2011.

Heidegger, une philosophie de la présence, 2013.

Heidegger et le problème de la métaphysique, 2015.

La structure métaphysique du monde moderne. Heidegger et la question de la technique, 2016.

© L'Harmattan, 2016
5-7, rue de l'Ecole-Polytechnique, 75005 Paris

http://www.harmattan.fr
diffusion.harmattan@wanadoo.fr

ISBN : 978-2-343-10230-6
EAN : 9782343102306

Introduction

Pour Heidegger la tradition philosophique rationaliste (métaphysique), telle qu'elle est apparue avec Platon et Aristote, est épuisée aujourd'hui. En effet, elle semble ne plus pouvoir donner lieu qu'à des renaissances épigonales ou à des commentaires universitaires. Cela tient au fait qu'elle s'est, en quelque sorte, « réalisée » dans et par le règne planétaire de la techno-science. Mais, dans la mesure où la philosophie heideggérienne elle-même - qui remet en cause cette tradition métaphysique - semble inaboutie et soulève des difficultés d'interprétation qui paraissent insurmontables, quelle peut être alors la tâche de la philosophie aujourd'hui ?

Or, dans son livre *Pour Bataille* (2005), Bernard Sichère écrit ceci : « Ce qui reste à penser… c'est cette intersection fascinante entre la destruction de la métaphysique selon Heidegger, l'a-théologie selon Bataille et la récusation de l'ontologie traditionnelle par Lacan. Celui qui aurait pensé cette intersection jusqu'au bout saurait exactement où en est la philosophie »[1]. Ce qui est suggéré ici, nous semble-t-il, est que les pensées de ces trois auteurs se rejoignent, mais de telle manière qu'elles se complètent, s'éclairent mutuellement, et ne prennent alors la plénitude de leur sens qu'en étant mises en rapport. La tâche contemporaine de la philosophie, si nous comprenons bien Bernard Sichère,

---

1. Bernard Sichère, *Pour Bataille*, Paris, Gallimard, 2005, p. 152, *in* note de bas de page.

serait alors d'opérer ce rapprochement entre ces trois auteurs, c'est-à-dire de mettre au jour l'« intersection » de leurs pensées.

Nous souscrivons pleinement à un tel programme et nous ne sommes en désaccord avec cet auteur que sur un seul point : il ne nous conduit pas, tel que nous l'interprétons, « là où en est la philosophie », mais plutôt « là où elle n'est pas ». Il nous conduit, en effet, vers ce qu'elle dénie par essence, ce qu'elle s'efforce de conjurer et dont elle ne veut rien savoir, et il faudrait même aller jusqu'à dire : vers ce qui lui inspire une véritable « horreur sacrée ». Or, cet en deçà dénié de la philosophie traditionnelle (de l'ontologie traditionnelle) est ce à partir de quoi seulement celle-ci pourrait alors être comprise en son sens fondamental (dans la mesure même où elle en est le déni).

Il s'agit en effet de savoir, selon Bernard Sichère, si ce que la pensée heideggérienne - dont le sens profond présente de grandes difficultés d'interprétation - désigne par le mot « être », peut être rapproché de ce que Bataille nomme : « continu, dépense, fond des mondes »[2], ainsi que de ce que Lacan propose de nommer quant à lui : « le réel, la jouissance, la Chose, l'au-delà du principe de plaisir »[3]. Or, cela conduit, nous semble-t-il, vers cet impensé de toute la pensée occidentale depuis Platon (jusqu'à Deleuze), qui nous donnerait cependant la clef du sens de celle-ci et partant de notre civilisation. Nous allons donc essayer de montrer, dans le cadre d'un exposé synthétique et donc plutôt elliptique, comment se présente la conception heideggérienne de l'homme comme étant le « là » de

2. *Op cit.*, p. 158-159.
3. *Ibid.*

l'être, comme *Dasein* - « forclose » par la philosophie traditionnelle - telle qu'elle apparaît *enfin* dans toute sa portée, lorsqu'elle est complétée par certains aspects essentiels de celles de Bataille de Lacan, mais aussi et d'abord, nous le verrons, de Kant.

L'homme, en tant que la métaphysique (en un sens originel et non traditionnel) « compose » sa nature, c'est-à-dire le *Da-sein* compris jusqu'à son impensé[4], n'est rien d'autre – tel est le résultat de notre recherche - que le sujet transcendantal kantien (défini dans la *Critique de la raison pure*), mais dégrevé de son idéalisme car entièrement repensé à partir de la conception heideggérienne de l'*a priori* comme « spontanéité réceptive »[5], et en même temps relié à ce qu'il y a de plus central dans la pensée lacanienne (exhibé dans le *Séminaire VII*), elle-même resituée sur ses bases batailliennes. Le résultat de cette « intersection » entre la pensée de Heidegger et celles de Kant, de Bataille et de Lacan, est, nous le verrons, de retrouver une essence originelle de l'homme que, seuls dans notre civilisation, les Grecs présocratiques (dans la poésie mythique et dans la pensée) avaient assumé avant qu'elle ne soit recouverte à partir de Platon.

Le point commun entre ces auteurs – qui ont, chacun à sa manière, renversé la philosophie traditionnelle – est de penser l'homme comme entretenant une relation

---

4. *Cf.* Martin Heidegger, *Qu'est-ce que la métaphysique ?*, in *Questions I*, Paris, Gallimard, 1976, p. 71 : « la métaphysique compose la nature de l'homme ».
5. Martin Heidegger, *Kant et le problème de la métaphysique*, Paris, Gallimard, 1977, et *Qu'est-ce qu'une chose ?*, Paris, Gallimard, 1979, Section B, chapitre II, 7, e.

fondamentale et *a priori* (par l'imagination) avec cette dimension dérobée et inaccessible, que Heidegger et Lacan ont parfois nommé la Chose (en se référant librement à la Chose en soi de Kant) et que Bataille avait nommé le Réel. Or, cette dimension dérobée n'est en rien une chose au sens courant, mais le fond informe, hétérogène et irrationnel, d'où provient et à quoi retourne toute chose et qui constitue un lieu de plénitude absolue, lequel est un objet perdu irrattrapable. Et avec la Chose, nous le verrons, il s'agit du sens *originel* de l'Être, dénié par la métaphysique occidentale depuis Platon. Ainsi que nous l'avons déjà suggéré, il s'agit alors, en mettant au jour cette relation essentielle que l'être humain entretient avec la Chose, d'exhiber rien de moins que cet impensé de toute la philosophie occidentale dont le rejet rend compte de notre histoire qui débouche sur le règne contemporain de la technique planétaire.

Il faut bien comprendre toutefois que c'est Heidegger, et lui d'abord (en dépit des difficultés d'interprétation que présente sa pensée), qui permet d'exhiber cet impensé de toute la philosophie. Mais il ne le permet cependant, nous semble-t-il, que dans la mesure où sa propre pensée est éclairée par les trois auteurs que nous avons cités. Chacun de ces trois grands auteurs, que sont Kant, Bataille et Lacan, va permettre, en effet, de préciser, de compléter et d'éclairer de façon décisive ce qui demeure encore énigmatique, elliptique et non explicité, dans la philosophie de Heidegger, c'est-à-dire dans la manière dont il exhibe la Chose.

Première partie

HEIDEGGER AVEC KANT
La Chose en soi et les phénomènes

L'une des difficultés de la pensée de Heidegger réside dans le fait qu'il s'agit pour lui de reconquérir une ouverture au monde dans laquelle nous nous tenons déjà en tant qu'êtres parlant et mortels, et que, cependant, nous franchissons d'un saut, à la fois parce qu'elle est déniée par notre civilisation et en même temps, *paradoxalement*, parce qu'elle est aussi (malgré cela) ce dans l'excès d'évidence de quoi nous baignons en permanence. L'autre difficulté, et non des moindres, est que Heidegger (à cause d'une inquiétude religieuse récurrente) n'assume pas pleinement ce vers quoi sa pensée est cependant conduite.

Le fond de la pensée de Heidegger (en partie impensé), que nous développerons en plusieurs étapes, est, en effet, que l'homme se caractérise de manière très secrète par le fait qu'il se tient - par la « précompréhension » du mot « être » qui porte la langue - « dans » la vérité originelle, comme *dévoilement* primaire de l'étant en son être comme pure *existence* sans fond (le mot « être » signifie, en effet, existence). C'est en ce sens qu'il est *Da-sein* - le « là » de l'être – et qu'il accède ainsi à la conscience (de lui-même et du monde). Or, ce sens profond, mais en partie caché et non assumé, de la pensée heideggérienne (l'ouverture à l'être comme pure existence) a été entrevu par Sartre - sous l'influence directe des premières traductions de Heidegger en français par Henri Corbin - dans *La Nausée*, à travers l'expérience de Roquentin face à la racine de marronnier.

Il nous faut citer ici quelques extraits choisis qui résument l'essentiel de cette révélation fondamentale de l'existence, laquelle est toujours présente en nous, qui porte l'ensemble de nos comportements, mais demeure le plus souvent totalement implicite. Voici tout d'abord le passage très connu qui marque le point de départ de cette expérience fondamentale :

« Donc j'étais tout à l'heure au jardin public. La racine du marronnier s'enfonçait dans la terre, juste au dessous de mon banc... Et puis j'ai eu cette illumination, ça m'a coupé le souffle. Jamais avant ces derniers jours je n'avais pressenti ce que voulait dire « exister »... A l'ordinaire l'existence se cache... Quand je croyais y penser il faut croire que je ne pensais à rien, j'avais la tête vide, ou tout juste un mot dans la tête, le mot « être » »[6].

Or, quel va être le sens de cette « illumination » dont parle Roquentin, de cette révélation de l'existence - c'est-à-dire du sens habituellement caché du mot être- à laquelle nous sommes en permanence ouverts de manière implicite, mais que nous franchissons toujours d'un saut dans le cadre de notre relation pragmatique avec le monde ? Voici alors ce qu'écrit Sartre quelques lignes plus loin :

« Et puis voilà : tout d'un coup, c'était là, c'était clair comme le jour : l'existence s'était soudain dévoilée..., la diversité des choses, leur individualité n'était qu'un vernis. Ce vernis avait fondu, il restait des masses monstrueuses et molles, en désordre, nues, d'une effrayante et obscène nudité »[7].

---

6. Jean-Paul Sartre, *La Nausée*, Paris, Gallimard, 2004, p. 181.
7. *Ibid.*, p. 182.

Cette révélation de l'existence, à partir de la contemplation d'une racine de marronnier tordue, consiste donc en ceci que l'individualité des choses, leurs formes organisées, se détache maintenant sur un fond informe, sur une base matérielle irrationnelle et donc toujours déjà là (sans fondement). Les choses se révèlent ainsi, pour la première fois, comme n'ayant pas d'autre sens qu' « être » (sans raison), c'est-à-dire en leur contingence fondamentale. Et c'est bien ce que le héros de Sartre va expliquer quelques pages plus loin :

« Cette racine avec sa couleur, son mouvement figé était... au dessous de toute explication... Exister, c'est *être-là* simplement ; les existants apparaissent, se laissent *rencontrer*, mais on ne peut jamais les *déduire*... Je savais bien que c'était le Monde tout nu qui se montrait tout d'un coup... On ne pouvait même pas se demander... comment il se faisait qu'il existât un monde plutôt que rien. Cela n'avait pas de sens, le monde était partout présent, devant, derrière. Il n'y avait jamais rien eu avant lui »[8].

Cette ouverture structurelle à la vérité ontologique primaire, exhibée par l'illumination de Roquentin et qui fait de l'homme un *Dasein*, est un *a priori*, le plus souvent implicite (une anticipation), qui fonde cependant tous les comportements humains, et qui a été « oublié » ou plutôt « forclos », par la tradition de la pensée occidentale depuis Platon. Or, comme ce texte le suggère, et ainsi que nous le montrerons de manière précise plus loin, le fait que l'homme se tienne ouvert *a priori* à ceci que l'étant qui l'englobe *est* - qu'il est pure

8. *Op.,cit*, p.191.

existence contingente et irrationnelle[9] - signifie que les choses bien délimitées qui nous apparaissent, se montrent à nous secrètement, implicitement, comme participant d'un gisement retiré, toujours déjà là, de présence informe, d'un *apeiron* qui ne se donne qu'en se refusant.

Cela veut dire que l'homme a *une dimension ontologique essentielle*, mais secrète. En effet, il n'est pas avant tout et seulement un être vivant, mais il se rapporte d'abord *a priori* par la pensée au monde et à lui-même, à partir de l'anticipation du point de vue « excentrique » (non humain et dérobé) d'un fond informe retiré et irrationnel de l'étant (qui est pure existence) avec lequel il est confondu par un aspect de son être, dont il est séparé par l'individuation et qu'il ne rejoindra que dans la mort. Et, comme nous le verrons, l'homme *retrouve* cette ouverture originelle (habituellement cachée) à la présence englobante, et informe en son fond, du monde comme pure existence, lorsqu'il vient « habiter » à nouveau sa finitude radicale d'être mortel « jeté » au beau milieu de l'étant déjà là, qu'il oublie généralement et franchit d'un saut.

Ainsi que nous l'établirons plus loin, Lacan souligne dans le *Séminaire Livre VII* qu'il est arrivé à Heidegger de nommer « la Chose » (faisant écho à la Chose en soi de Kant), cette dimension dérobée qui ne se donne qu'en son absence, qui est l'essence de l'être et ce à partir d'où l'étant, qui en participe(qui en provient et y retourne),

9. C'est seulement à partir de Platon que la notion d'irrationnel (*alogon*) a été chargée d'une signification péjorative. Dans la mythologie et la poésie-pensée présocratiques il était, au contraire, tenu pour évident que le *Cosmos* avait un fondement chaotique, qu'il se déployait à partir de l'*apeiron* (l'indistinct).

peut seulement être dévoilé originellement en tant qu'il *est*. Nous sommes donc en tant qu'êtres parlants (à moins que nous nous fassions illusion) « dans » la vérité ontologique originelle comme dévoilement de la simple présence, de l'existence irrationnelle d'un monde, par rapport à laquelle tout autre vérité est dérivée et n'est que relative. Et c'est pour cela que nous pouvons être ensuite dans l'erreur ou l'illusion. Cette ouverture au monde est, nous l'avons déjà suggéré, déniée et recouverte par toute notre civilisation depuis Platon (et par les sciences qui sont issues de la philosophie) mais elle est cependant ce qu'habitaient les Grecs pré-platoniciens dont le mot pour vérité est, en effet, *aletheia* (dé-cèlement), et qui considéraient celle-ci comme un dévoilement, dans et par l'étonnement (*thaumazein*), du toujours déjà là irrationnel du monde, n'ayant pas d'autre sens *qu'être*. Voici, en effet, ce qu'a affirmé Heidegger, concernant le sens profond de la pensée grecque la plus ancienne, au cours du colloque de Cerisy-La-Salle de 1955 :

« Tout l'étant est en l'être. Voilà qui résonne à notre oreille d'une manière triviale sinon offensante. Car de cela que l'étant à son appartenance dans l'être, nul n'a besoin d'avoir cure. Tout le monde le sait bien : étant est ce qui est. Quelle autre issue y-a-t-il pour l'étant que celle-ci : être ? Et pourtant : justement ceci que l'étant… apparaît dans la lumière de l'être, voilà ce qui plaça les Grecs, et eux d'abord, et eux seuls dans la dimension de l'étonnement… voilà ce qui devint pour les Grecs, le plus étonnant »[10].

10. Martin Heidegger, *Qu'est-ce que la philosophie ?*, in *Questions II*, Paris Gallimard, 1973, p. 21.

La pensée des Présocratiques, encore proche du mythe, se caractérise, pour Heidegger, nous aurons l'occasion d'y revenir, par ceci qu'ils pensent l'étant en son être comme *phusis* (Nature). La vérité, *l'aletheia*, est donc pour eux le dévoilement de cette *phusis* qui se caractérise par ceci que l'étant dans son ensemble s'y déploie phénoménalement depuis toujours, comme ordre des contrastes, à partir et en direction de l'*apeiron* (c'est-à-dire du *Chaos*). Elle a donc un fondement irrationnel, et c'est pourquoi elle est intrinsèquement étonnante, n'ayant pas d'autre sens qu' « être ».

C'est donc dans la mesure où l'homme en vient à se tenir ainsi dans *l'aletheia*, dans le dévoilement de la simple présence sans raison d'un monde, qu'il est *Dasein*. Or, l'essence du *Dasein* est demeurée en partie impensée chez Heidegger et elle ne peut être prise en vue, dans la plénitude de son sens, que si l'on pense ensemble, l'élucidation de la tragédie grecque dans *Introduction à la métaphysique* (1935) et la « surinterprétation » (suivant les termes de Heidegger lui-même) de la *Critique de la raison pure* de Kant qui est développée dans *Kant et le problème de la métaphysique* (1929). Et il faut préciser que cette interprétation doit, elle-même, être complétée de manière décisive par l'élucidation des « anticipations de la perception » dans le cours *Qu'est-ce qu'une chose ?* (1935). Or, nous allons, tout d'abord, prendre une vue d'ensemble sur le *Dasein* ainsi pensé, à partir de la tragédie grecque et surtout à partir de cette lecture très particulière de la *Critique de la raison pure*, puis nous préciserons et tenterons de justifier cette « surinterprétation » heideggérienne de Kant.

Ce que la première grande œuvre de Heidegger, *Etre et temps* (1927), qui est demeurée inachevée, ne pouvait pas encore établir est que l'homme n'accède à lui-même comme *Dasein* que dans la mesure où il tente d'abord de s'identifier totalement à l'être dans l'*hubris* et qu'il doit alors se briser sur la « surpuissance » de celui-ci comme le montre la tragédie. C'est ce que Heidegger conquiert seulement en 1935 dans *Introduction à la métaphysique*, sous l'influence directe, il vaut de le noter, des fameuses *Remarques* de 1804 sur les traductions de Sophocle de Hölderlin. Le ressort fondamental de la tragédie grecque est que le héros, habité par l'*hubris* (la démesure), en vient à se briser (généralement dans la mort) sur l'ordre du monde représenté par les dieux. Or, pour Heidegger, la tragédie, qui fait intervenir des personnages mythologiques et exhibe donc ce qui a eu lieu à une époque immémoriale, ne montre que le versant négatif d'une expérience culturelle universelle et fondamentale, dont le sens abouti est bel et bien positif, car il est structurant et même constitutif pour l'être de l'homme comme *Da-sein*.

Dans *Introduction à la métaphysique*, Heidegger explique, en effet, que l'homme doit d'abord se « briser », ainsi que le montre la tragédie grecque, sur la puissance subjuguante de l'être, de manière à se détacher de son identification immédiate, dominatrice et mortifère, à celui-ci (comme plénitude de la présence) dans l'*hubris*[11]. C'est ainsi qu'il va, renonçant à son *hubris* originelle (qui est l'*hubris* de la vie s'efforçant illusoirement de s'identifier au fondement de l'étant), assumer sa finitude radicale de mortel et s'intégrer dans l'ordre du monde

11. Martin Heidegger, *Introduction à la métaphysique*, Paris, Gallimard, 2006, p. 152 à 182.

(représenté par les figures poétiques des dieux) comme jeu de contrastes, à travers son intégration dans l'ordre social des règles et des interdits portés par la langue.

Et pour Heidegger, c'est sur une telle base que l'homme va pouvoir, paradoxalement, s'ouvrir de manière authentique à l'être, c'est-à-dire au fondement retiré de tout ce qui est. Or, il y a là un paradoxe qui n'est pas suffisamment élucidé dans *Introduction à la métaphysique*. En effet, Heidegger y affirme que c'est en échouant à s'identifier à l'être, en se brisant sur sa « surpuissance », en étant forcé de se détacher de celui-ci pour assumer sa finitude, que l'homme va alors parvenir à s'ouvrir positivement à lui, qu'il va accéder à son *Da-sein*. Mais comment comprendre cela ? Comment comprendre ce sens positif du tragique ? Or, ainsi que nous l'avions suggéré, c'est seulement si l'on complète cette lecture de la tragédie par l'interprétation très particulière que donne Heidegger du sujet transcendantal kantien (laquelle trouve sa forme aboutie dans l'interprétation des anticipations de la perception développée par le cours *Qu'est-ce qu'une chose ?)*, que l'essence de l'homme comme *Dasein* va pouvoir être mise au jour.

En effet, Heidegger montre que c'est en se détachant de son identification immédiate et mortifère à l'être (et en assumant sa finitude), que l'homme va alors pouvoir, paradoxalement, se rapporter à celui-ci, en permanence et *a priori*, de manière inconsciente et par l'imagination, mais maintenant dans une distance infranchissable, comme à la Chose en soi (*Ding an sich*) de Kant en tant qu'elle s'identifie à la matière informe irreprésentable et sous-jacente aux phénomènes. Or, c'est seulement sur la base d'une telle anticipation latente, par l'imagination transcendantale, de la matière informe se tenant en retrait comme objet =X, que l'homme va alors s'ouvrir, pour la première fois (par le pouvoir de nomination des mots), au règne englobant des phénomènes (au sens grec), des choses délimitées dont il participe en sa finitude, lesquelles surgissent, à chaque fois pour un temps, de ce fond informe retiré avant de retourner s'y perdre.

C'est ainsi que, sur le fond de l'anticipation structurelle et *a priori* de la Chose en soi dérobée, l'homme va être originellement « frappé d'ouverture », dans et par la perception, pour la présence des choses phénoménales en leur altérité, lesquelles lui *apparaissent* alors pour la première fois comme telles, comme ce qui est, comme ce qui épuise son sens à « être » (à *exister*), c'est-à-dire se déploie sans raison à partir et en direction d'un fond matériel hétérogène et englobant. Il nous faut maintenant préciser et tenter de justifier cette interprétation, fort peu académique, de la *Critique de la raison pure* à travers laquelle Heidegger en vient à se l'approprier pour penser l'essence de l'homme comme *Dasein*.

L'interprétation heideggérienne est certes particulièrement forcée, puisqu'elle renverse totalement l'idéalisme kantien, mais elle n'est pas arbitraire car elle fait bel et bien apparaître une dimension souterraine de la *Critique de la raison pure*. En effet, en dépit de ce qu'affirment parfois les interprètes de Kant, l'objet transcendantal = X n'est pas seulement une projection de l'unité du « je pense », mais il est en même temps une anticipation de ce que Kant a nommé le noumène, c'est-à-dire de la Chose en soi en tant qu'elle se tient en retrait, qu'elle se dérobe, étant ainsi fondamentalement inconnaissable. Le seul texte, souvent cité et situé à la fin de l'*Analytique* (chapitre III : *Du principe de la distinction de tous les objets en général en phénomènes et noumènes*), dans lequel Kant semble distinguer l'objet transcendantal du noumène est en fait généralement mal compris, car il signifie seulement que l'objet transcendantal ne pourrait s'identifier au noumène (à la Chose en soi) si on concevait ce dernier en un sens positif, c'est-à-dire comme un objet saisissable, et non pas dérobé[12].

L'objet transcendantal = X est donc bien une anticipation de la Chose en soi par l'entendement en tant qu'elle se tient totalement en retrait, à l'arrière-plan des phénomènes. Il est ainsi suggéré chez Kant (sans que cette idée soit développée), que l'entendement, c'est-à-dire la faculté humaine de penser, pourrait avoir pour essence même d'anticiper d'abord la Chose en soi comme dimension dérobée, comme objet = X. Or, c'est comme pure diversité matérielle dérobée, que la Chose en soi s'ouvre ainsi à nous en tant que dimension retirée et insaisissable.

Mais par ailleurs, ainsi que l'a souligné Heidegger dans *Kant et le problème de la métaphysique*, Kant suggère aussi (sans l'affirmer clairement) que l'essence de la connaissance humaine, comme unité des formes *a priori* de la sensibilité et de l'entendement, n'est rien d'autre que l'imagination transcendantale (déployant ce qu'il nomme le « schématisme transcendantal »), laquelle serait ainsi la racine de ces deux souches. A partir de là, il est possible, comme le fera Heidegger (dans le cours *Qu'est-ce qu'une chose ?*), d'interpréter l'*a priori* kantien, déployé par la faculté de connaitre, non plus en mode

12. Emmanuel Kant, *Critique de la raison pure*, trad. Barni, Paris, Garnier Flammarion, 1985, p. 273-274.

idéaliste, c'est-à-dire comme constitutif de l'objet d'expérience, mais comme une « spontanéité réceptive », qui a d'abord pour essence *d'anticiper* le pur divers matériel informe et dérobé qui se tient à l'arrière plan des phénomènes, afin de le *recevoir* comme tel à travers les sensations. Et c'est seulement sur une telle base, que les phénomènes vont pouvoir alors être originellement dévoilés *comme tels*, en vis-à-vis, dans l'intuition sensible. Or, cela revient, nous allons le développer maintenant, à renverser totalement l'idéalisme kantien.

En effet, la connaissance humaine apparaît maintenant, au plus profond et en son sens originel, comme produite par l'imagination transcendantale qui anticipe d'abord *a priori*, à travers l'obscurité des sensations la pure diversité matérielle dérobée, de manière à l'accueillir, à se laisse affecter par elle, comme ce qui se dérobe. Or, Heidegger montrera que c'est cela même qui est établi dans les « anticipations de la perception » de l'*Analytique des Principes*, qui vont venir alors, dans sa lecture, au cœur même de la *Critique de la raison pure*. Réinterprétant, sur les bases de sa propre pensée, les « anticipations de la perception » dans *Qu'est-ce qu'une chose ?*, Heidegger a montré, en effet, que la perception humaine est « anticipante »[13]. Elle anticipe par l'imagination transcendantale, de manière inconsciente, *a priori* et à travers les sensations, le pur divers matériel sous jacent et dérobé à partir d'où se déploient les choses que nous percevons. Or, cette anticipation du pur divers matériel (inconnaissable car hétérogène), à partir d'où les choses empiriques se déploient, est en même temps *réceptive* : elle l'accueille

13. Martin Heidegger, *Qu'est-ce qu'une chose ?*, B, II, 7, e, p. 214-229.

comme ce qui se donne en se dérobant à travers l'intensité des sensations. Et c'est de cette manière que les choses empiriques vont alors pouvoir se montrer à nous en vis-à-vis, à travers les sens, en leur rayonnement, en leur déploiement propre, avec leur « épaisseur de présence » et ainsi *comme étant* (alors que l'animal ne rencontre l'étant que comme utile ou nuisible, jamais comme tel).

On pourrait dire alors, que dans la *Critique de la raison pure* de Kant, comprise jusqu'à ce qui demeure en partie impensé en elle et dégrevée de son idéalisme, c'est sur la base même de l'échec de l'intuition intellectuelle (s'efforçant de se saisir immédiatement de l'être), qui est refusée à l'homme, que la Chose en soi va pouvoir être anticipée *a priori* par l'imagination. Et elle va être anticipée dans une distance essentielle, comme cette dimension de plénitude insaisissable se tenant toujours en retrait, en deçà du monde sensible. Or, c'est à partir de l'anticipation de cet objet transcendantal = X, comme fond matériel informe dérobé, que les choses empiriques vont alors, au contraire, se montrer à lui originellement comme phénomènes surgissant de ce fond et ainsi être dévoilées en leur présence propre, dans l'intuition sensible, en tant qu'elles lui font face de toute part comme ob-jets. C'est en ce sens que le *Dasein* heideggérien peut être considéré comme une réinterprétation du sujet transcendantal kantien.

La *Critique de la raison pure* de Kant a donc été ainsi « sur-interprétée » par Heidegger, de manière à être dégrevée de son idéalisme. En effet, dans *Kant et le problème de la métaphysique* (que complète et transforme le cours de 1935 *Qu'est-ce qu'une chose ?),* Heidegger a réinterprété l'*a priori* kantien comme « spontanéité réceptive », ainsi que nous l'avons déjà suggéré. Ainsi conçu, il a pour essence de déployer *a priori* à même les sensations (par le travail de l'imagination transcendantale) un horizon de rencontre qui va permettre à l'étant déjà là en son être, d'être accueilli, d'être reçu, de manière à pouvoir se montrer alors comme tel, en tant qu'il « est » (et non pas seulement comme utile ou nuisible comme c'est le cas pour l'animal). L'*a priori*, qui relève maintenant d'une structure inconsciente et n'est donc plus rattaché à un « Je transcendantal », est ainsi la condition de possibilité du *dévoilement* de l'étant déjà là comme tel (pour une conscience empirique) et non plus une condition de possibilité de l'existence même de l'étant. Du même coup, le phénomène déployé dans l'espace et le temps, n'est plus seulement ce qui *nous* apparaît, mais il retrouve son sens grec : il est ce qui apparaît de soi-même, il est la chose empirique en tant qu'on lui laisse faire encontre dans une distance ouverte, et qu'elle se montre alors d'elle-même en sa venue en présence propre. Et, bien entendu, l'espace et le temps dans lesquels se déploient les phénomènes, ne sont donc plus eux-mêmes déployés par notre esprit, mais seulement *anticipés a priori* par celui-ci de manière à être accueillis comme tels.

La Chose en soi, on l'a vu, est alors de son côté réduite à un pur divers matériel dérobé (irreprésentable mais anticipé par l'imagination), dont tout provient et à quoi tout retourne, tandis qu'est évacué le sens « intelligible » ou encore spirituel qui était le sien chez Kant. Elle demeure bien, si l'on veut, « l'Absolu » (l'Être éternel, incréé, dont tout étant, qui en émane, n'est qu'un participant fugitif), mais celui-ci n'est plus conçu en mode idéaliste, car il est cette plénitude informe, purement matérielle, de présence dérobée, à partir d'où se déploient les phénomènes, qui s'en détachent pour un temps avant de retourner s'y perdre. Et d'autre part, cet « Absolu », s'il est toujours anticipé par l'imagination, est cependant inaccessible, car il se confond (pour nous) avec la mort pure et simple, comme retour à cette confusion avec le monde qui précède la naissance.

Or, nous allons voir que la *Critique de la raison pure* réinterprétée de cette façon (arrachée à la gangue idéaliste dans laquelle elle est prise), est la seule œuvre philosophique qui rende compte de manière phénoménologique de notre ouverture originelle, dans et par l'intuition sensible, à la simple présence (ou existence) phénoménale (*comme telle*) d'un monde englobant déployé en Contrée dans l'espace et le temps, c'est-à-dire de ce que Heidegger nomme « compréhension de l'être » (compréhension de ceci que l'étant *est*). En effet, c'est seulement dans la mesure où le monde phénoménal se montre à nous à partir de l'anticipation imaginative et *a priori* de l'opacité impénétrable d'une dimension informe sous-jacente (la Chose en soi se donnant comme pur divers matériel), qu'il peut alors se monter comme tel, en tant qu'il *est*, en son « épaisseur de présence », et en son éclosion spatio-temporelle propre à partir de cette dimension retirée où, finalement, il retournera se perdre. Kant a ainsi découvert, avant Heidegger, que « le concept d'être occulté est la contrepartie de celui de phénomène »[14].

14. Martin Heidegger, *Etre et temps*, Paris, Gallimard, 1986, p. 63.

En effet, écrit-il, « l'entendement, justement parce qu'il accepte des phénomènes, reconnaît aussi par là l'existence de choses en soi »[15]. Cela signifie que les choses empiriques ne peuvent nous *apparaître* originellement en vis-à-vis en leur « épaisseur de présence », que sur le fond de l'anticipation préalable (par le travail inconscient de l'imagination comme spontanéité réceptive) d'un fond retiré, qui au contraire se dérobe, à partir d'où elles surgissent.

Il apparaît alors (dans le cadre de cette interprétation) que Kant, qui a dénoncé les prétentions illusoires de la métaphysique traditionnelle (à saisir l'être par la pensée, par une intuition intellectuelle qui nous permettrait d'atteindre l'Absolu), nous a ainsi appris que la vérité originelle (dont tout autre dérive) - en laquelle il nous revient d'abord de nous tenir ouverts en notre finitude même - est le *dévoilement* primaire, par l'imagination transcendantale, des choses phénoménales qui nous englobent. Elles sont ainsi dévoilées dans la perception, en tant qu'elles se déploient à partir d'une dimension sous-jacente retirée, matérielle et irrationnelle. Il a vu que dévoiler le monde dont nous participons, en son existence propre comme monde phénoménal (qui se déploie de lui-même) en tant qu'il *est*, et le dévoiler comme se déployant à partir d'une épaisseur de présence informe sous-jacente (que Heidegger nommera la *terre* dans *L'Origine de l'œuvre d'art*), sont une seule et même chose.

Pour nous le monde *est*, se déployant phénoménalement alentour, dans la mesure même où il est inexplicable (étant irrationnel en son fond, constitué

15. Emmanuel Kant, *Prolégomènes*, Paris, Vrin, 1974, p. 89.

par une matière hétérogène), de sorte que la pensée ne puisse que renvoyer à sa présence irréductible puisant à un fond retiré impénétrable, pour la dévoiler comme telle en son altérité propre. Cela signifie que la révélation même de *l'existence* d'un monde – telle que la désigne le *verbe être* qui porte la langue – n'aurait jamais été possible, s'il n'était pas apparu à partir d'une réalité sous-jacente dérobée et irrationnelle. C'est en ce sens que la vérité originelle, celle qui révèle l'être même de ce qui est - présupposée par toute autre, laquelle sera ainsi dérivée, relative - ne peut être que le dévoilement, dans et par les mots et à travers les sens, d'un monde englobant inexplicable, n'ayant pas d'autre vérité (d'essence et de fondement) que de se déployer ainsi, en des formes toujours particulières (elles mêmes irréductibles à l'explication), pour rien, épuisant donc son sens à « être ».

Et nous sommes ouverts à cette vérité lorsque, *simultanément*, nous anticipons notre mort (notre mortalité), de manière à nous laisser rejeter à partir de là, par ricochet, sur la contingence radicale de notre propre existence « jetée » dans le monde. L'homme, comme *Dasein* est ainsi en son ipséité, un être de projet (comme le montre *Etre et temps*), qui a, cependant, toujours déjà laissé faire encontre l'étant phénoménal déjà là dans son ensemble (en tant qu'il *est*) à partir de son fond insondable et irrationnel, comme ce au beau milieu de quoi il se trouve jeté en sa finitude radicale de mortel sans rémission.

C'est en ce sens précis qu'il a un monde, auquel il est ouvert *a priori* comme ce au beau milieu de quoi il est situé, et qu'il se tient donc « dans » la vérité au sens grec originel, c'est-à-dire dans l'*Aletheia*. Heidegger peut donc dire que « *Da-sein*... signifie... être le-là et « le-là » est précisément *Aletheia* : décèlement – ouverture »[16]. Que la vérité originelle soit ainsi le dévoilement par la pensée (qui est d'abord imagination), à travers les sens, de la simple présence irréductible (toujours déjà là), fondamentalement irrationnelle, du monde matériel qui nous englobe en notre finitude radicale, est ce que la philosophie tout entière à partir de Platon a essayé de dénier et de conjurer (en prétendant fonder l'existence sur l'être conçu maintenant comme une essence intelligible transcendante). Cette vérité originelle demeure cependant, il faut le noter, totalement implicite dans la vie quotidienne vouée à un comportement pragmatique à l'égard de l'étant dans le cadre d'une existence en projet.

Kant a donc dénoncé l'illusion de la métaphysique traditionnelle, qui prétend nous faire atteindre l'Absolu au-delà des phénomènes et, avant Heidegger, il a montré que l'homme était un être fondamentalement marqué par la finitude et ainsi ouvert *a priori* à un monde phénoménal au sein duquel il est situé. Or, il a vu aussi, à sa manière, que cet « être-dans-le-monde », cette ouverture au monde phénoménal englobant qui caractérisait l'homme, était le lieu de la vérité originelle. Ce que Kant a nommé « révolution copernicienne » pour qualifier sa démarche doit donc être interprété de la manière suivante si l'on en renverse le sens idéaliste : la connaissance humaine n'a pas à rechercher l'être au-delà de l'étant phénoménal, mais elle doit comprendre que, de manière inapparente, celui-ci s'est toujours déjà

---

16. Martin Heidegger, *Lettre à Monsieur Beaufret*, in *Lettre sur l'humanisme*, Paris, Aubier, 1977, p. 185.

ouvert à elle *a priori*, comme cette dimension dérobée et insondable (la Chose en soi), comme cet « en deçà », à partir d'où le monde phénoménal, au beau milieu duquel nous nous trouvons, a pu d'abord être dévoilé comme tel (en son existence). Il s'agit ainsi de regagner cette ouverture primaire à la présence insondable du monde phénoménal au sein duquel nous sommes déjà situés, mais que nous franchissons toujours d'un saut.

Or, à travers l'interprétation très particulière que Heidegger en donne, on voit alors que Kant a retrouvé une chose essentielle qui est un véritable scandale pour la philosophie depuis Platon, qui est *cela même* qu'elle va s'efforcer de conjurer et de dénier. Il a regagné, en effet, la vérité originelle, la *connaissance* originelle, en laquelle il nous revient de nous « tenir », tout en assumant notre finitude radicale de mortels, laquelle est un *dévoilement*, c'est-à-dire un *renvoi* de la pensée à la présence inexplicable et toujours déjà là (irréductible) d'un monde qui nous englobe, qui est *pure existence*, qui est là sans raison (n'a pas d'autre sens qu'« *être* »). Et ce monde se déploie toujours, phénoménalement, en formes à chaque fois particulières, n'ayant pas d'autre sens profond que de surgir, de s'épanouir pour un certain temps (avant de disparaître).

Il faut donc comprendre que l'ordre du monde (comme jeu de contrastes ainsi que le montrera Héraclite) est déployé aveuglément par son fond matériel totalement hétérogène. Or, nous accédons à cette vérité primaire, lorsque le monde se dévoile à nous à partir de l'anticipation inconsciente (et dans une distance infranchissable) de notre propre confusion avec son fond informe dans la mort, qui est aussi bien (c'est la même chose) l'anticipation de ce qui précède la naissance, et qui est le lieu de la plénitude absolue impossible (la Chose en soi). Les phénomènes ne sont à chaque fois que des manifestations particulières et fugitives, des aspects, de cette plénitude informe (mais hétérogène) de présence qui les produit dans son immanence puis les reprend en elle.

C'est donc, en particulier, à travers une telle « surinterprétation » de la *Critique de la raison pure* de Kant que Heidegger a pu exhiber la vérité originelle dans laquelle il revient à l'homme de se « tenir », dans et par la finitude, bien qu'il la franchisse ensuite d'un saut. Tout le génie de Heidegger, nous l'avons suggéré dès le début de cet exposé, tient, en effet, dans la mise au jour de cette vérité généralement oubliée (déniée), mais qui est cependant présupposée par la conception de celle-ci comme adéquation entre le discours et les choses sur lesquelles il dépose ses énoncés, mais aussi par tous les comportements humains. Voici, en effet, ce qu'il écrit dans un texte décisif, qui, d'une certaine manière, résume le fond de sa pensée :

« La vérité de la proposition n'est pas du tout la vérité originelle… Le fait que des propositions puissent s'orienter sur les choses, sur l'étant… présuppose que l'étant soit déjà manifeste… C'est cette manifesteté de l'étant en son être qui est la vérité originelle. En elle, l'homme est transporté… Nous sommes ce que nous sommes en tant qu'exposés à l'étant manifeste comme tel. Cependant tout manifeste qu'il soit, l'étant est également et tout à la fois à couvert en retrait… Ce qui est autre nous reste clos. Là où il y a manifesteté, il y a tout à la fois mise à couvert en retrait »[17].

L'explicitation heideggérienne de ce sens originel de la vérité (qui est généralement recouverte et qu'il revient à l'art et à la poésie de mettre au jour) sera pleinement déployée dans la conférence *L'Origine de l'œuvre d'art* (1935) qui lui est tout entière consacrée. Ainsi, c'est par une ouverture imaginative structurelle à la Chose informe dérobée - qui n'est en fait rien d'autre qu'un fond matériel hétérogène, retiré, englobant les phénomènes - que l'homme est *Da-sein*, qu'il est le « là » de l'être, ou encore, cela revient au même, qu'il se tient dans la vérité originelle. La vérité originelle, comme dévoilement, doit donc être entendue en un sens double : elle est ce dévoilement implicite à travers l'opacité des sensations, de l'être en tant qu'il se dérobe, qui rend possible alors (simultanément) le dévoilement de l'étant phénoménal comme ce qui, au contraire, surgit à partir de cette dimension dérobée et ainsi se manifeste de soi-même. Et ce sens double de la vérité renvoie, on le sait, à ce que Heidegger a appelé la différence ontologique, qui est cette solidarité totale entre l'être et l'étant (entre la Chose en soi et les phénomènes, si l'on veut) dans leur différence même. Or, comme nous l'avons vu, il revient aux poètes et penseurs grecs présocratiques d'avoir exhibé, pour la première fois, ce sens originel (universel mais généralement recouvert) de la vérité.

C'est pour cela que le mot grec pour vérité est *Aletheia*, et c'est pour cela aussi qu'elle était alors considérée comme un dévoilement de l'étant en son

17. Martin Heidegger, *Situation présente et tâche future de la philosophie (1934)*, in revue *Philosophie*, Paris, Minuit, 2011, n° 111, p. 20.

être comme *Phusis*, c'est-à-dire comme la vérité de la *Phusis*. Et il faut noter que c'est seulement en 1935, dans *Introduction à la métaphysique* (dont la lecture doit être complétée par celle de *L'Origine de l'œuvre d'art*), que Heidegger prend toute la mesure, pour la première fois, de cette « connexion d'essence unique en son genre entre *phusis* et *aletheia* »[18].

L'homme est donc par essence ouvert, en assumant sa finitude de mortel (en renonçant à la prétention illusoire à se saisir de l'Absolu), à ce que les penseurs et poètes grecs présocratiques nommaient la *Phusis*, cette plénitude de présence éternelle (incréée) du monde, dans laquelle, depuis toujours, tout provient – se déployant comme jeu de contrastes - d'un fond informe retiré, le *Chaos* ou l'*Apeiron*, avant de retourner s'y perdre[19]. Or, ce fond informe éternel et hétérogène de la *phusis* (que Heidegger nomme aussi la terre dans *L'Origine de l'œuvre d'art*) est en lui-même béant, donc abyssal, car déchiré par une contradiction fondamentale, entre une puissance productrice aveugle et une tendance inverse à tout reprendre en soi (tel est, en effet, le sens du *Chaos* chez les Grecs). Dans la mesure où la nature est incréée, cette matière hétérogène qui en constitue le fond est non seulement éternelle, mais elle demeure immuable par delà ses transformations internes.

Il n'y a donc jamais, dans la nature, ni perte ni surcroît car le processus de génération et celui de corruption des êtres se compensent. Les Grecs

---

18. Martin Heidegger, *Introduction à la métaphysique*, paris, Gallimard, 2006, p. 111.
19. Martin Heidegger, *Approche de Hölderlin*, Paris, Gallimard, 1979, p. 81.

présocratiques se caractérisaient donc par ceci qu'ils avaient vu que la représentation humaine est métaphysique en un sens originel : elle se rapporte toujours implicitement, et *préalablement*, à cet au-delà (*méta-*) de tout étant qu'est l'être comme fond informe retiré, éternel et insondable, d'où tout provient et à quoi tout retourne, de manière à pouvoir *dévoiler* alors, à partir de là, l'étant comme tel (comme ce qui épuise son sens à « être »). C'est pourquoi Heidegger pourra écrire qu' « … avoir vu, c'est-à-dire avoir pensé ce *méta*, est le sens simple et par conséquent inépuisable de la pensée grecque tout entière »[20].

La Chose en soi (c'est-à-dire l'être même, mais dérobé, des choses phénoménales qui s'en détachent provisoirement) - anticipée par cette spontanéité réceptive qu'est l'imagination de manière inconsciente, structurelle et *a priori* - est donc ce lieu informe et inapprochable de plénitude absolue (constituant, on le verra, l'essence originelle du sacré « païen »), nécessairement perdu et irrattrapable, car il s'identifie à la mort, qui nous « regarde » depuis l'arrière-plan des phénomènes. Ainsi que l'affirme Heidegger dans *Introduction à la métaphysique*, nous sommes – en tant que *Da-sein* - secrètement ouverts, en permanence (de manière constitutive), à ce lieu de plénitude « impossible » qu'est le tréfonds chaotique de la *phusis*, d'où nous provenons par la naissance, que nous rejoindrons dans la mort. Il est cela même qui exerçait sur les Grecs une fascination morbide s'exprimant dans la fameuse « sagesse du Silène » (évoquée par Plutarque

20. Martin Heidegger, *Qu'appelle-t-on penser ?*, Paris, Presses Universitaires de France, 1973, p. 125.

et par Sophocle dans *Œdipe à Colone* (en1224 sq.)), selon laquelle « le mieux serait de ne pas être né, et à défaut de retourner au plus vite là d'où on vient »[21].

Or, c'est à partir de l'œuvre de Lacan, en particulier du *Séminaire VII*, que la signification de cette relation essentielle et inconsciente que l'homme entretient avec cette essence originelle de l'Être qu'est la Chose, va pouvoir être approfondie.

21. Martin Heidegger, *Introduction à la métaphysique*, p. 181-182.

Deuxième partie

HEIDEGGER AVEC LACAN

La Chose et l'inconscient

Pour Lacan – ce génial interprète de Freud, qui, nous semble-t-il, complète et précise ce vers quoi s'oriente Heidegger - il est au fond de l'homme un « narcissisme primaire », une *hubris* originelle, qui est d'abord, chez l'enfant au « stade du miroir »[22] (comme préformation de la conscience de soi) un fantasme de la toute puissance. Il s'agit d'une identification imaginaire au « Phallus », c'est-à-dire à la continuité du « flux vital »[23], par le truchement d'une identification à la mère, « fantasmée » comme « mère phallique ». Or, ce fantasme de la toute puissance vitale (come refus spontané de cette rupture qu'est la naissance) se renverse en son contraire : il conduit à la recherche de la plénitude absolue (du plaisir absolu) - à ce que Lacan appelle, nous le verrons, la *jouissance* – et il débouche donc *finalement* sur une ouverture *mortifère* à ce qu'il nomme la Chose, qui, en une première approche, est la plénitude mythique du corps maternel.

Et ce narcissisme mortifère est aggravé, si la mère y « répond », c'est-à-dire si elle se révèle être effectivement une « mère phallique », laquelle est toujours aussi, au plus profond, une « mère dévorante ». Cette ouverture à la plénitude de la Chose, cet effort d'« installation » dans une jouissance mortifère, prend donc les traits d'une nostalgie (inconsciente) de la confusion prénatale avec le corps maternel et se

22. Jacques Lacan, *Le stade du miroir comme formateur de la fonction du Je*, in *Ecrits*, Paris, Le Seuil, 1966, p. 93-101.
23. Jacques Lacan, *La signification du Phallus*, in *Ecrits*, p. 692.

manifeste « concrètement » par la pulsion de mort, c'est-à-dire par une recherche exacerbée de plaisir, liée à une tendance à la violence destructrice et autodestructrice. Lacan s'appuie ici sur Freud qui montre, dans *Au-delà du principe de plaisir*, comment la recherche sans limite du plaisir, de la plénitude, débouche sur la pulsion de mort, c'est-à-dire sur la nostalgie du retour au repos dans l'inorganique[24].

Le Phallus auquel s'identifie l'enfant, et qui au stade du narcissisme se veut tout puissant, qui est le symbole de la continuité (imaginaire) et de la toute puissance de la vie, est donc en quête d'une plénitude, et il va ainsi être subverti depuis l'intérieur par la Chose sur laquelle il prétendait régner, mais qui en fait le précède, l'excède, et le « porte ».

Ce que Lacan appelle la Chose (*das Ding*) est donc d'abord, nous l'avons déjà suggéré, la plénitude mythique du corps maternel. La fascination inconsciente pour celle-ci est le fantasme du retour à la confusion prénatale avec le corps maternel, se manifestant par la pulsion de mort[25]. Or, ce fantasme est ainsi le vecteur d'une fascination (mêlée d'effroi) pour le retour au repos définitif dans le monde inorganique (donc antérieur à la vie), dans l'immédiateté matérielle informe, de sorte que la Chose a pour Lacan un sens fondamentalement ontologique. C'est pourquoi on peut la rapprocher de la Chose en soi de Kant, interprétée comme pur divers matériel retiré, inaccessible, d'où proviennent et à quoi retournent les

---

24. Sigmund Freud, *Au-delà du principe de plaisir*, in, *Essais de psychanalyse*, Paris, Petite bibliothèque Payot, 1975, p. 78-81.
25. Jacques Lacan, *Le Séminaire Livre VII*, Paris, le Seuil, 1988, p. 127.

phénomènes qui en sont comme des fragments détachés. Et Lacan lui-même la rapproche explicitement de ce que Heidegger a lui aussi nommé la Chose (*das Ding*) dans la conférence du même nom prononcée en 1950[26]. Il est d'ailleurs essentiel de noter à ce propos, que dans la version sténographiée originale de ce texte majeur qu'est le *Séminaire VII* (donc avant que Jacques-Alain Miller ne le prépare en vue de la publication au Seuil), Lacan identifiait explicitement, au cours de la leçon du 4 mai 1960, la Chose à ce que Heidegger nomme, de son côté, l'être. Voici, en effet, ce qu'écrit à ce propos Jean-François Balmès : « A condition de remonter du texte du Seuil, qui l'efface, au texte de la sténo, la Chose est désignée comme lieu de l'être en un sens assez précisément heideggérien »[27].

Ce rapprochement a été fait aussi par le philosophe Jean-Marie Vaysse dans son livre *L'Inconscient des Modernes*. Voici, en effet, ce qu'il écrit : « En tant qu'origine la Chose se dérobe à la représentation et n'est donc pas objet de connaissance, semblable en cela à la Chose en soi kantienne : lieu de la jouissance illimitée et de la plénitude absolue..., elle est le but absolu du désir impliquant l'abolition du manque à être, c'est-à-dire la mort. En tant qu'objet absolu du désir la Chose ouvre la pensée à l'être comme ce qui précède toute existence, n'est rien d'étant »[28].

Par ailleurs, il est important de préciser que ce que Lacan nomme la Chose est parfois aussi nommé par lui

---

26. *Ibid.*, p. 144.
27. Jean-François Balmès, *Ce que Lacan dit de l'être*, Paris, P.U.F., 1999, p. 181.
28. Jean-Marie Vaysse, *L'Inconscient des Modernes*, Paris, Gallimard, 1999, p. 455.

le Réel, en référence (implicite) à Bataille. Voici, en effet, ce qu'il écrit dans le *Séminaire II* à propos de ce Réel informe, inaccessible et effrayant (identique à la mort), lequel apparaît selon lui dans le célèbre rêve de Freud, connu sous le nom de « rêve de l'injection d'Irma », à travers les étranges formations pathologiques observées par le rêveur au fond de la gorge d'Irma :

« … La phénoménologie du rêve de l'injection d'Irma… aboutit surgissement de l'image terrifiante, angoissante, de cette vraie tête de Méduse, de la révélation de ce quelque chose d'à proprement parler innommable… insituable, qui en fait aussi bien l'objet primitif par excellence, l'abîme de l'organe féminin d'où sort toute vie, que le gouffre de la bouche, où tout est englouti, et aussi bien l'image de la mort où tout vient se terminer… »[29].

Et voici alors ce qu'il ajoute concernant le sens final d'une telle révélation : « Il y a donc apparition angoissante… de l'objet essentiel, qui n'est plus un objet, mais ce quelque chose devant quoi tous les mots s'arrêtent et toutes les catégories échouent, l'objet d'angoisse par excellence »[30].

Pour Bataille, qui a profondément inspiré Lacan (comme l'a montré Elisabeth Roudinesco), le Réel n'est pas, en effet, la réalité organisée et représentable, mais le fond matériel hétérogène, irrationnel et irreprésentable,

---

29. Jacques Lacan, *Le Séminaire*, *Livre II*, Paris, Le Seuil, 1980, p. 196.
30. *Ibid.*

d'où tout provient et à quoi tout retourne[31]. Ce Réel qui est l'impossible (l'inaccessible) - qui devait être l'objet d'une forme nouvelle d'ontologie, « l'hétérologie », opposée à toute vision homogène du monde - est ce que Bataille nomme encore « le fond des mondes ». Et, il faut comprendre enfin qu'à travers la Chose ou le Réel, c'est bien ce que les Grecs les plus anciens nommaient *Chaos* ou *apeiron*, qui est regagné, alors que cela a été totalement recouvert par la tradition rationaliste depuis Platon.

Si nous reprenons maintenant le fil de notre propos, voici alors quelle va être la conséquence de ce qui précède. Dans la mesure où le narcissisme primaire, par lequel l'enfant prétend s'identifier au Phallus (à la vie fantasmée comme toute puissante), ouvre donc, ainsi que nous venons de le voir, à cette recherche de la plénitude absolue qui conduit alors à un renversement pour déboucher finalement sur une fascination mortifère pour le retour au repos dans l'inorganique, c'est-à-dire à la confusion avec la Chose, l'être humain doit y renoncer pour s'accomplir.

Et c'est en se « brisant » sur la loi symbolique qui fonde toute culture (sur l'ordre des règles et des interdits portés par la langue), et en intégrant alors celle-ci, avec l'interdit de l'inceste qui en est la règle fondamentale, que l'être humain va tout d'abord refouler son narcissisme primaire (son identification primaire au Phallus symbolisant la toute puissance

---

31. *Cf.* Georges Bataille, *Œuvres complètes II*, Paris, Gallimard, 1970, p. 61, et Elisabeth Roudinesco, *Jacques Lacan*, Paris, Fayard, 1994, p. 186, 188, 371 et 478.

vitale), ce qui « engendre » l'inconscient psychique structuré par l'ordre symbolique[32].

Or, on le sait, c'est en accédant à la « métaphore paternelle », à la reconnaissance du « Nom du père »[33], qu'il va pouvoir ainsi intérioriser cet ordre symbolique (dont le père est le représentant) et s'intégrer alors dans une lignée familiale référée à l'ancêtre prestigieux mort, laquelle est toujours en relation à la fois d'échange et de rivalité, d'antagonisme, avec d'autres familles. Mais il faut, pour cela, que la mère reconnaisse aussi le père - qu'elle ne soit donc pas une mère ambivalente, à la fois phallique et dévorante - et que la parole maternelle renvoie ainsi au « fait » paternel.

Ainsi, l'enfant (qu'il soit fille ou garçon) accèdera à une « castration symbolique » [34] , laquelle ne mettra cependant fin à son identification primaire et imaginaire au Phallus (comme Phallus tout puissant) que pour transformer sa relation fondamentale à celui-ci (et la conception de celui-ci). En effet, la personnalité ne se construit que dans et par une relation inconsciente essentielle au Phallus via la castration, lequel doit alors prendre un sens nouveau : le sens de signifiant du manque. Il est donc impossible de s'identifier au phallus, mais, par essence, il est ce qui nous *manque* toujours, car on ne l'a (de manière inconsciente) que pour le transmettre, et lui-même ne se manifeste

---

32. Jacques Lacan, *Fonction et champ de la parole et du langage en psychanalyse*, in *Ecrits*, p. 277.
33. *Ibid.*, p. 278.
34. Jacques Lacan, *Subversion du sujet et dialectique du désir dans l'inconscient freudien*, in *Ecrits*, p. 820.

adéquatement que sous les traits médiatisés, relativisés, d'un déchirement entre puissances antagonistes.

Et c'est seulement par la reconnaissance du père, comme celui qui a pour vocation de *transmettre* le Phallus, que le sens authentique de celui-ci en vient à être intégré. L'être humain n'accède ainsi au Phallus, en son *sens authentique* de signifiant du manque, que par la « métaphore paternelle » et à partir du champ de l'Autre, c'est-à-dire de l'ordre symbolique inconscient qui le dépasse et dans lequel il doit s'intégrer. Cette mise en place du symbole authentique du Phallus, à partir d'une position inconsciente, comme « signifiant du manque », qu'on ne peut être mais qu'on peut seulement avoir dans une relation - en le transmettant ou en le recevant (suivant son sexe) - permet au sujet, on le sait, de se « situer » dans la différence des sexes, tout en assumant simultanément son inscription dans une chaîne de générations.

L'homme va alors s'arracher, simultanément et définitivement, à cet effort primaire et autodestructeur d'identification à la plénitude mythique du corps maternel. Mais il est essentiel de mesurer qu'il ne va pas, pour autant, se détourner de la Chose : il va, bien plutôt, s'ouvrir maintenant à celle-ci d'une manière tout à fait nouvelle, c'est-à-dire dans et par une distance essentielle (dans et par l'interdit), par le biais d'un travail inconscient de l'imagination, comme à une dimension dérobée, sous-jacente à la réalité empirique et absolument inaccessible. Voici alors ce que cela signifie exactement.

Il faut comprendre que la « castration » symbolique ne médiatise pas seulement la relation au phallus (et le

Phallus lui-même), mais qu'elle provoque simultanément l'*Austossung* (l'expulsion) du Réel[35], de la Chose, qui prend alors le statut d'un lieu dérobé et inaccessible de la jouissance, laquelle va être désormais « jouissance barrée ». La jouissance va voir, en effet, sous l'effet de l'interdit, son sens s'inverser : elle ne sera plus quête frénétique, violente et mortifère de plaisir, mais ouverture limite à une expérience extatique de perte de soi. C'est pourquoi elle est maintenant « barrée », c'est-à-dire en partie inaccessible (car identique à la mort comme retour à l'inorganique). Or, par l'effet du « refoulement originaire », cette jouissance « barrée » - qui est son sens authentique - prend maintenant le sens d'une ouverture à la Chose ou encore au Réel, conçue comme dimension inaccessible sous-jacente au monde perceptif. En effet, en étant rejeté dans la latence, dans le tréfonds de l'inconscient (par le refoulement), le Réel informe (comme ce à quoi ouvre la jouissance) devient une altérité, une dimension extérieure et étrangère *en nous*, de telle sorte qu'il va être alors, simultanément, sous l'effet même de ce refoulement, projeté, ou encore anticipé (c'est-à-dire imaginé) comme une dimension *extérieure à nous* et constituant un arrière-plan retiré et caché des phénomènes, des choses empiriques.

Telle est selon Lacan l'« extimité »[36] de la Chose, qui est à la fois en nous (rejetée au fond de l'inconscient) et cependant hors de nous (anticipée comme arrière-plan informe de la réalité empirique). C'est donc l'inconscient psychique (rendu possible par le

---

35. Jacques Lacan, *Réponse au commentaire de Jean Hyppolite*, in *Ecrits*, p. 388.
36. Jacques Lacan, *Le Séminaire, Livre VII*, p. 167.

refoulement originaire) qui génère un travail de l'imagination, lequel nous ouvre *a priori* à l'être (à l'objet = X), comme dimension retirée en deçà des phénomènes, en deçà des choses empiriques.

La Chose désormais inaccessible (à laquelle renvoie le Phallus lui-même), imaginée de manière inconsciente comme un arrière-plan informe et caché des phénomènes empiriques (qui en participent), est donc maintenant le lieu inaccessible de la jouissance absolue (qui ne pourrait être atteinte que par une perte totale et extatique de soi dans la mort) en tant qu'elle est nécessairement « barrée », mais cependant toujours pressentie. Elle est toujours là, comme expérience limite, rendant compte de la simple joie d'être au monde (le travail de l'imagination est en effet, une « spontanéité réceptive »). Or, il nous semble qu'il est essentiel de noter ceci au passage, avant de poursuivre : que l'humain soit ainsi, en permanence, ouvert *a priori* à la Chose, avec la dimension ontologique qui est la sienne, montre qu'il n'a jamais seulement affaire à de simples « relations humaines », qu'on ne peut donc pas le comprendre uniquement avec les ressources de la psychologie ou de la sociologie. Et c'est tout le génie de Lacan, d'avoir ainsi détaché la psychanalyse d'une simple « psychologie », d'avoir exhibé le sens ontologique de l'existence humaine.

En effet, ainsi que nous l'avons déjà suggéré et que le montre Heidegger interprétant Kant, c'est sur le fond de cette anticipation imaginative inconsciente et *a priori* de la Chose, à travers l'obscurité des sensations, comme plénitude dérobée et abyssale, que peut seulement se dévoiler originellement à nous, dans la perception et par le pouvoir de nomination des mots, le monde phénoménal qui nous englobe *comme tel* (en tant qu'il *est*). Il nous apparaît alors comme ce jeu de contrastes dans lequel tout provient de ce fond informe avant de retourner s'y perdre, épuisant son sens à être, à exister (sans raison). C'est donc de cette manière que l'homme accède à la vérité originelle, au dévoilement de l'étant en son être, en laquelle il lui revient de se tenir, mais qui est généralement recouverte et déniée. Ainsi, ce que la psychanalyse a appelé *l'inconscient*, n'est rien d'autre qu'une ouverture *a priori* latente à cet au-delà (ou en deçà) de tout étant qu'est la Chose dérobée à partir d'où l'étant dans son ensemble (ce qui inclut nos semblables) peut être dévoilé dans la perception. Cela signifie alors qu'il n'est rien d'autre que la « métaphysique originelle » en tant qu'elle est constitutive de l'essence de l'homme. Voici, en effet, ce qu'écrit Lacan dans un passage important du *Séminaire VII* :

« Le monde freudien, c'est-à-dire celui de notre expérience, comporte que c'est cet objet, *das Ding*, en tant qu'Autre absolu du sujet, qu'il s'agit de retrouver. On le retrouve tout au plus comme regret… C'est dans cet état de le souhaiter et de l'attendre, que sera cherchée, au nom du principe de plaisir, la tension optimale au-dessous de laquelle il n'y a plus ni perception ni effort »[37]. Or, voici ce que cela signifie exactement : « En fin de compte, sans quelque chose qui l'hallucine en tant que système de référence, aucun monde de la perception n'arrive à s'ordonner de façon valable, à se constituer de façon humaine. Le monde de la perception nous est donné par Freud comme

---

37. Jacques Lacan, *Le Séminaire. Livre VII*, Paris, Le Seuil, 1986, p. 65-66.

dépendant de cette hallucination fondamentale sans laquelle il n'y aurait aucune attention possible »[38].

Comme l'expliquera Heidegger de son côté, le propre de la perception proprement humaine est d'être l'intuition sensible de « quelque chose en tant que quelque chose », c'est-à-dire des choses en tant qu'elles *sont*. Or, une telle expérience perceptive de l'étant comme tel (de l'*on e on*) présente un double sens : les choses sensibles s'y montrent en leur altérité irréductible comme telles, et, simultanément, elles s'y montrent en tant qu'elles n'ont pas d'autre sens qu'« être », qu'exister. Cela signifie qu'elles se montrent à nous comme n'ayant pas d'autre sens que de se tenir là d'elles-mêmes, sans raison et pour rien, que d'être purs phénomènes. Or, c'est bien à partir de l'« hallucination », c'est-à-dire de l'anticipation inconsciente par l'imagination, de la Chose dérobée (comme fond matériel irrationnel retiré, irreprésentable, d'où, sans raison, tout provient et à quoi tout retournera) à travers les sensations, qu'une telle expérience perceptive est possible.

En accédant donc à l'ordre symbolique, au champ inconscient de l'Autre (véhiculant la prohibition de l'inceste), qui structure la vie sociale, par l'accès au « nom du père », l'être humain, renonçant au narcissisme primaire (qui est refoulé), s'intègre, nous l'avons vu, dans une relation entre familles. En s'intégrant dans une famille (toujours référée au lointain ancêtre mort dont elle perpétue le nom), il s'intègre ainsi dans le jeu des échanges, des mariages, mais aussi des rivalités, entre les lignées familiales (les Horaces et

38. *Ibid.*

les Curiaces, les Capulet et les Montaigus…) - qui ont toutes une particularité insigne (la « légende familiale »), ont généralement un blason (le « Guépard »), mettent l'honneur plus haut que la vie et sont nécessairement guettées par la décadence et l'extinction. Or, c'est de cette manière, par ce biais, qu'il s'intègre dans le jeu des tensions antagonistes constitutif de la *phusis*.

C'est ainsi, en effet, que l'individu (grâce à son nom qui est le « nom du père ») émerge du processus vital, accède pleinement à la conscience de soi et à celle de sa particularité (familiale) propre. La vie (le « flux vital » qui se voudrait illusoirement continu ou éternel) en vient donc finalement à s'inscrire dans le règne plus vaste de l'inorganique qui la précède et l'englobe, où tout se déploie dans le déchirement de l'antagonisme d'un jeu de contrastes entre réalités toujours uniques et particulières, et dans lequel tout provient et retourne à un fond informe dérobé, étant marqué par une finitude radicale.

Le Phallus, imaginé d'abord illusoirement comme « Phallus tout puissant » (lequel est finalement un « Phallus maternel ») et auquel l'enfant, quel que soit son sexe, s'identifie, doit donc se donner à l'être humain dans une distance, à travers la « castration symbolique ». Et il doit lui-même être médiatisé pour devenir – en étant désigné par la « métaphore paternelle » et en accédant par là à une position inconsciente - le signifiant du « manque » (de l'identité toujours manquante, de la puissance en tant qu'on ne peut en disposer totalement). Il permet alors à chaque sujet de se situer dans le cadre de la différence des sexes et de leur relation : soit, comme celui qui ne l'a que pour le transmettre, soit comme celui qui ne l'a pas et doit le recevoir, mais pour le transmettre à son tour sous les traits de l'enfant qui perpétue la lignée familiale.

Il symbolise alors la puissance vitale s'auto-affirmant (renouvelant la vie), mais en tant qu'elle est toujours à chaque fois individuée et donc mortelle, qu'elle se déploie dans et par le rapport entre les familles, la différence des sexes et qu'elle doit ainsi s'inscrire, comme cas particulier, dans l'unité des tensions antagonistes (entre puissances) qui constitue la *phusis* (inorganique en son fond). En effet, le Phallus symbolise la puissance vitale en tant qu'elle doit se déployer dans un jeu de différences, c'est-à-dire à travers le rapport d'échanges, de mariages et de rivalités entre des lignées familiales (référées à l'ancêtre mort), vouées à la menace de la décadence et de l'extinction (laquelle finira par se produire).

Le Phallus, ouvre donc au Réel sous jacent dans lequel il s'inscrit finalement, c'est-à-dire au fond informe dérobé de la *phusis*, qui produit, à chaque fois, l'ordre des contrastes particulier dans lequel se déploie le *Cosmos*, et dont tout provient avant de retourner s'y perdre. Ce fond informe de la *phusis*, lieu de la plénitude (identique à la mort) nécessairement retirée et inaccessible, anticipé par un travail inconscient de l'imagination est, on l'a vu, cette dimension interdite et ainsi « sacrée », qu'est la Chose. L'homme ne cherche donc pas seulement à perpétuer sa lignée et à rivaliser avec les autres pour la « renommée » (laquelle avait, en effet, une grande importance pour les Grecs ainsi que le souligne Heidegger[39]), mais l'objet dernier de son désir

39. Martin Heidegger, *Introduction à la métaphysique*, Paris, Gallimard, 2006, p. 111-112.

(généralement inconscient) est cet « impossible » qu'est la Chose inaccessible. L'homme n'est donc pas seulement un être social, exclusivement occupé de relations humaines, mais il se sait *a priori* englobé par la *phusis* inorganique et informe en son fond. A travers les « relations humaines » c'est, secrètement, toujours l'être, c'est-à-dire donc la Chose, qui est en même temps visé. Et c'est bien, nous l'avions déjà suggéré, ce que Lacan a compris et qui le rapproche de Heidegger : l'existence humaine, dans tous ses aspects, est fondamentalement portée par une expérience ontologique.

La Chose ainsi conçue, et anticipée par l'imagination transcendantale, est, en effet, pour Heidegger, ce dont le pressentiment à travers l'intensité de présence du monde phénoménal (de la Nature), constitue l'expérience « étrangement inquiétante », et proprement humaine, de la beauté authentique, comme *Ekphanestaton* (ce qu'il ya de plus resplendissant). Cette épreuve de l'intensité, ou de l'excès, de la présence de la *phusis* comme présence éclatante, qui sourd à travers les phénomènes (et les fait rayonner), est le pressentiment du suprême désirable inaccessible, c'est-à-dire de l'*Erasmiotaton* (ce qui est d'un attrait irrésistible) qui se tient en retrait[40]. Ainsi, c'est l'expérience de la beauté - comme rayonnement du visible, se montrant à partir d'une dimension fondamentalement attirante mais aussi effrayante et dérobée (objet de l'imagination inconsciente), de manière à apparaître alors, pour la première fois comme tel, en sa présence englobante,

---

40. Martin Heidegger, *La Question de la technique*, in *Essais et conférences*, Paris, Gallimard, 1976, p. 47, et *Nietzsche* T I, Paris Gallimard, 1980, p. 177-180.

éclatante et fascinante - qui rend possible la vérité originelle, l'*Aletheia*, comme dévoilement primaire de ce qui est en tant qu'il est[41].

Chez les poètes et les philosophes Grecs présocratiques, c'est, en effet, la beauté, comme pressentiment du suprême désirable inaccessible, qui fonde la vérité originelle, c'est-à-dire le dévoilement primaire de l'*on e on.* Pour eux, comme le faisait remarquer Heidegger dans *Introduction à la métaphysique*, *to on* et *to kalon* (« être » (un étant) et « être beau ») sont une seule et même chose[42].

Dans l'extraordinaire séance du 2 septembre 1969 des *Séminaires du Thor*, Heidegger expliquera comment l'expérience grecque présocratique de la vérité originelle, comme dévoilement de la présence sans raison et incommensurable de la *phusis* se déployant phénoménalement, n'était rien d'autre qu'une épreuve de l'excès de cette présence, de sa surabondance par laquelle l'homme était, en quelque sorte, submergé. Voici, en effet, ce qu'il affirme dans ce texte :

« Personne encore n'a été à la hauteur de l'épreuve grecque de l'étant comme phénomène... Si difficile que soit pour nous d'accomplir à nouveau ce qu'ont fait les Grecs... demandons-nous... : Qu'est-ce qui est d'emblée nommé avec le verbe *phuein* ? C'est la *surabondance* (*Überfülle*), la *surmesure* (*Übermass*) du présent. Penser ici à l'anecdote sur Thalès : il est cet homme fasciné par une surabondance stellaire (*Überfülle der*

41. Martin Heidegger, *Terre et Ciel de Hölderlin*, in *Approche de Hölderlin*, Paris, Gallimard, p. 208.
42. Martin Heidegger, *Introduction à la métaphysique*, Paris, Gallimard, 2006, p. 140.

Sternenwelt) qui le force à porter le regard *uniquement* vers le ciel »[43].

Et voici alors ce qu'il ajoute : « Dans le climat grec (Hölderlin, Deuxième lettre à Bölhendorff), l'homme est submergé (*überwältigt*) par l'entrée en présence du présent… Le rapport à cet afflux de la présence (*Andrang der Anwesenheit*), les Grecs le nomment *thaumazein* (cf. *Théétète* 155d) »[44].

Or, cette expérience de plénitude englobante et démesurée d'une présence en même temps insondable, à la fois fascinante et menaçante, à laquelle était ouverts les Grecs dans le *thaumazein* (l'étonnement), n'est rien d'autre, nous l'avons vu, que l'épreuve de la beauté en son sens originel, de sorte que c'est bien à partir de l'expérience subjuguante de la beauté qu'il faut comprendre l'*aletheia*, la vérité originelle.

Il apparait alors, en même temps, que la métaphysique originelle qui compose la nature de l'homme comme *Da-sein*, comme ouverture à cet au-delà (*méta-*) des phénomènes qu'est la plénitude dérobée et inaccessible de la Chose, est portée par l'*Eros*[45]. Le travail inconscient de l'imagination transcendantale qui anticipe l'être (la Chose) en deçà des sensations est, en effet, porté par l'*Eros*, par le désir. Et l'*Eros* s'articule alors à ce qui est tout à la fois, le plus resplendissant, le plus désirable, et, simultanément, le plus inquiétant (le

---

43. Martin Heidegger, *Séminaires du Thor*, in *QuestionsIV*, p. 260 à 265. *Cf. VierSeminare*, Vittorio Klostermann, Frankfurt A.M., 1977, p. 69.
44.*Ibid.*
45. Martin Heidegger, *Nietzsche*, T. I, p. 177.

fond informe de l'étant, irreprésentable, inaccessible, objet fondamental de l'angoisse).

C'est pourquoi la métaphysique originelle est bien une érotique, c'est-à-dire une tension désirante vers l'être dérobé (comme ce qu'il y a de plus resplendissant et de plus étrangement inquiétant), à travers laquelle celui-ci ne se refuse cependant pas totalement, mais se laisse atteindre, se donne, quoique dans une distance essentielle et infranchissable. Et cela implique alors réciproquement, comme nous le verrons plus loin, que l'érotisme ne soit jamais seulement humain, « intersubjectif » et relationnel, mais qu'il ait toujours un sens ontologique profond[46].

Voici ce qu'affirme Heidegger concernant l'*Eros* dans son cours sur Nietzsche, sur la base d'un commentaire du *Phèdre* de Platon, dont il va finalement se servir librement pour préciser sa propre pensée : « Sitôt que l'homme dans son regard sur l'être se laisse attacher par celui-ci, il est ravi par-delà lui-même, en sorte qu'il est pour ainsi dire comme tendu entre lui-même et l'être, et hors de soi. Ce fait d'être soulevé... et attiré par l'être, constitue l'*Eros*... Dans cette mesure seulement l'homme parvient à surmonter l'oubli de l'être... Et ce qui rend possible le regain... et la préservation du regard sur l'être... c'est précisément le Beau »[47].

46. Il nous paraît important de souligner ici, que Platon a bien montré dans *Le Banquet* et *Le Phèdre* - mais dans le cadre de sa propre philosophie – que l'*Eros* véhicule un sens ontologique profond qui dépasse totalement sa signification anthropologique ou biologique.

47. Martin Heidegger, *Nietzsche*, T. I, p. 177.

Et voici alors ce qu'il ajoute : « Le Beau en laissant se produire la lueur de l'être, cependant qu'il est lui-même ce qu'il y a de plus attrayant pour l'homme, ravit ce dernier… vers l'être même. Ce que Platon dit du luire dans deux mots essentiels : *Ekphanestaton* et *Erasmiotaton*, c'est à peine si nous le pouvons rendre avec autant de plasticité… Le Beau… est ce qu'il y a de plus lumineux et, en tant que tel, d'un attrait et d'un ravissement irrésistibles »[48].

Il est alors essentiel de noter que Lacan, qui insiste dans le *Séminaire VII* sur le fait que c'est à l'art qu'il revient d'exhiber, de faire apparaître au grand jour, notre relation à la Chose[49], voit lui aussi dans « l'éclat aveuglant » et inquiétant de la beauté (celle de la tragédie d'*Antigone* par exemple) une approche de celle-ci. Or, il nous semble que c'est à Bataille, qui a profondément inspiré Lacan, qu'il revient d'avoir éclairé plus avant le sens profond de notre relation à la Chose, en tant qu'elle est liée à la jouissance et qu'elle ne peut être véritablement approchée que dans l'art et la beauté.

---

48. *Ibid.*p. 179.
49. Jacques Lacan, *Le Séminaire. Livre VII*, p. 169 : « … il s'agit toujours dans une œuvre d'art de cerner la Chose ».

Troisième partie

HEIDEGGER AVEC BATAILLE

La Chose et la jouissance

Dans la mesure où l'homme est ouvert par l'imagination inconsciente, dans une distance essentielle, à la plénitude inaccessible (fascinante et inquiétante) de l'être, il est donc articulé comme nous l'avons établi, de manière structurelle (constitutive), à ce que Lacan appelle dans le *Séminaire VII*, la *jouissance*, comme ouverture *a priori* à la Chose, en tant qu'elle est ce lieu de la plénitude qui est cependant « barré » car ne faisant qu'un avec la mort[50]. C'est cette dimension absolument inaccessible de la jouissance en son sens ontologique (comme ouverture au fond inorganique informe de tout ce qui est), laquelle est cependant, et paradoxalement, en permanence désirée, imaginée et pressentie (donc en partie « éprouvée ») de manière inconsciente, qui entraîne et explique la mise en œuvre chez l'homme d'un érotisme dionysiaque (qui va au-delà de la sexualité reproductrice), comme l'ont vu Nietzsche et Bataille, lequel ne peut cependant en être qu'une simple *approche*.

Il est essentiel de noter, en effet, que la première œuvre de Nietzsche, La *Naissance de la tragédie* (publiée en 1871, alors que sa pensée n'était pas encore devenue une philosophie de la vie), n'est rien d'autre qu'une certaine lecture (audacieuse) de la *Critique de la raison pure* de Kant (en partie influencée par Schopenhauer). Cette interprétation conduit à voir dans les rites dionysiaques

---

50. Jacques Lacan, *Le Séminaire Livre VII*, Paris, Le Seuil, 1986, p. 217, 221 et 327. L'expression de « jouissance barrée », déjà utilisée, se trouve par exemple chez Serge Leclaire, in *Psychanalyser*, Paris, Le seuil, 1975, p. 186.

antiques, où transe et débordements sexuels se mêlaient, une expérience limite, une approche, de la Chose en soi, elle-même interprétée comme cette unité perdue, cette plénitude absolue (mais hétérogène car déchirée en elle-même), que les êtres individués qui constituent le monde phénoménal et qui en sont momentanément séparés, pressentent et approchent sans pouvoir jamais la rejoindre (sinon dans la mort). Et c'est à partir de là, on le sait, qu'il faudrait donc comprendre selon Nietzsche, l'essence profonde et secrète de la tragédie grecque (qui est en effet issue des rites dionysiaques). Il est d'ailleurs remarquable que Nietzsche ait pu dire que la *Critique de la raison pure* de Kant était finalement « une sagesse dionysiaque mise en concepts »[51].

Il revient toutefois à Georges Bataille d'avoir clairement saisi, de manière magistrale, dans *L'Erotisme* (en particulier dans l'*Introduction*), le sens profond de cette articulation secrète entre ontologie et érotisme dionysiaque[52]. Et il nous semble que seule la pensée de Bataille met au jour le sens profond et de cette importance de la sexualité chez l'être humain, que la psychanalyse a, certes, soulignée à juste titre, mais sans pouvoir en rendre compte suffisamment.

Il faut tout d'abord noter que Bataille, comme Heidegger avant lui et Lacan après lui, a souligné l'existence d'une démesure originelle de l'homme, d'une violence fondamentale, d'une *hubris*. Or, il lui revient

---

51. Friedrich Nietzsche, *La Naissance de la tragédie*, Paris, Folio Gallimard, 2006, p. 117.
52. Concernant Bataille, on pourra consulter avec profit l'étude de Frédéric Altberg, *Georges Bataille ou l'envers de la philosophie*, Editions Camion noir, 2014.

d'avoir clairement montré en quoi celle-ci, comme fantasme de la toute puissance et effort d'identification dominatrice à la plénitude de l'être, devait se manifester nécessairement, pour une part au moins, à travers la sexualité proprement humaine. Mais pour comprendre cela, il faut présenter tout d'abord, brièvement, le sens de la sexualité animale, qui en est la base, comme le fait Bataille dans l'*Introduction* de *L'Erotisme* dont nous allons résumer l'analyse.

Dans le monde animal la sexualité n'est, certes, qu'un simple moyen de reproduction pour des êtres discontinus. Toutefois, dans l'accouplement, les deux partenaires en viennent à fusionner de manière convulsive et voluptueuse. Cela signifie que pendant le rapport sexuel entraînant la reproduction et mettant en jeu deux êtres discontinus, la vie accède, en même temps, de manière tout à fait fugitive, à un moment de continuité et de plénitude. En effet, les deux partenaires connaissent, au moment où ils fusionnent, la « petite mort » du plaisir sexuel, comme s'ils retournaient, de manière fugitive, à la plénitude du « repos » absolu de leur confusion avec la matière inorganique informe.

Et il est bien vrai que, simultanément, le spermatozoïde et l'ovule en viennent eux-mêmes à fusionner, donc à disparaître (à mourir) comme réalités séparées, de sorte que la vie va se renouveler en se replongeant dans un « brassage génétique », c'est-à-dire dans un retour à ses éléments constituants en deçà de l'individuation. Or, cela équivaut à un retour au fond informe de la matière inorganique, en deçà de la vie. Le rapport sexuel est donc bien de manière fugitive, en son intensité extrême, une approche extatique de la mort, une anticipation de celle-ci, comme expérience limite de la plénitude absolue d'une absorption passive dans le fond informe d'où tout provient et à quoi tout retourne. Il est donc bel et bien, de manière *inapparente*, une approche de la Chose perdue.

Or, c'est à partir de là que la sexualité proprement humaine va pouvoir être élucidée. Mais elle ne va prendre son sens *sui generis* qu'à partir de l'*hubris* originelle de l'homme. En effet, dans la mesure où l'*hubris* est une affirmation de la toute puissance, elle s'articule à la quête d'une plénitude totale. Or, cela implique *nécessairement*, nous le comprenons maintenant, que la sexualité (comme approche extatique de la plénitude absolue dans la fréquentation de la mort) vienne au cœur de cette *hubris* et qu'elle ne soit plus, alors, un simple moyen fugitif de reproduction, mais qu'elle soit recherchée activement, en et pour elle-même, devenant un but en soi. L'*hubris* humaine, qui va donc prendre le sens d'un effort pour s'« établir » activement – et ainsi de manière *dominatrice* - dans la jouissance absolue, va ainsi déboucher sur l'articulation primaire et mortifère à un mélange de frénésie sexuelle et de violence destructrice et autodestructrice (c'est-à-dire sur la pulsion de mort). Et c'est, bien entendu, cela qui va rendre indispensable la mise en place des interdits fondamentaux de la culture.

Ainsi que l'a montré Bataille, c'est bien ce qu'illustre *parfaitement* cette œuvre tout à fait à part qui est celle du marquis de Sade, laquelle ne cesse de mettre en scène, par la transgression systématique des interdits culturels les plus profonds, une forme de régression vers la violence fondamentale pré-culturelle de l'humanité, laquelle est toujours liée à des excès sexuels. L'œuvre de Sade met en effet au jour, non pas des aberrations sexuelles et criminelles exceptionnelles, mais bien plutôt ce qui est au fond de l'humain (constituant son *hubris* originelle) et qui ressurgit lorsque les interdits culturels fondamentaux sont transgressés.

Or, la mise en place (certainement dès la préhistoire) des interdits culturels fondamentaux, sans lesquels il n'y aurait pas eu de civilisation humaine, a refoulé cette *hubris* originelle, cette recherche frénétique, violente (et dominatrice) de la plénitude absolue ne faisant qu'un avec la mort. Pour Bataille, comme pour Lacan, c'est bien par l'accès aux interdits culturels que l'homme est devenu véritablement humain.

Toutefois, par cet accès aux interdits de la culture, l'articulation humaine à la plénitude, à la jouissance, ne va cependant pas disparaître, mais elle va plutôt voir son sens *s'inverser*. Elle va ainsi abandonner totalement sa dimension violente et prendre (sous l'effet de l'interdit infranchissable) les traits de *l'expérience limite* d'une approche de la perte totale et extatique de soi (identique à la mort), c'est-à-dire de la fréquentation d'une absorption passive dans l'être. Or, cela va permettre de comprendre le sens de la sexualité proprement humaine, tel que le développera et l'élucidera Bataille dans *L'Erotisme* (1957).

Il s'agit en effet, avec l'érotisme, au sens précis où il l'a défini dans ce texte (inspiré en particulier par les rites dionysiaques et par les pratiques orgiastiques caractéristiques des cultures primitives), de l'aspect proprement humain et transgressif (et non simplement animal), mais cependant assez rarement assumé, de la sexualité, en tant qu'elle devient véritablement un but en soi (dans l'orgie par exemple), au lieu d'être un moyen de reproduction. L'érotisme véritable, avec ses pratiques orgiastiques, est ainsi pour Bataille, qui s'est inspiré de *L'Homme et le sacré* de Roger Caillois, un aspect fondamental de l'existence humaine *civilisée*, comme le montre l'exemple des cultures traditionnelles, dont la vie sociale oscille entre des périodes de travail et des périodes de fêtes débridées, mais cependant rituelles et socialement organisées.

La sexualité prend ainsi son sens proprement érotique (c'est-à-dire proprement humain), dans le vocabulaire de Bataille, lorsqu'elle débouche alors, de manière transgressive, sur une intensité fiévreuse qui va au-delà de la sexualité reproductrice et s'articule à la perte extatique de soi de chacun des partenaires dans une approche de « la fusion illimitée des êtres »[53]. Pour Bataille, c'est, en effet, on le sait, la transgression - qui en son sens authentique est appelée par l'interdit et ne le supprime pas - comme approche systématique et expérience limite de la perte, de la dissolution des êtres discontinus, qui différencie l'érotisme de la simple sexualité animale. Or, l'érotisme ainsi conçu a un sens ontologique, ainsi que cela apparait clairement, nous l'avons déjà suggéré, dans les rites dionysiaques de l'Antiquité, car à travers ceux-ci c'est bien au retour à sa propre confusion, comme expérience limite, avec le fond informe inorganique, éternel, continu et hétérogène de l'être, que l'homme s'articule.

Toutefois, la jouissance, qui a pris maintenant le sens de la « jouissance extatique », demeure, comme telle, inaccessible, elle ne peut être qu'approchée et c'est ce que Bataille n'a pas toujours suffisamment vu. En effet, sous l'effet de l'interdit elle a accédé définitivement au statut d'une dimension « impossible » (interdite et

53. Georges Bataille, *L'Erotisme*, Paris, Minuit, 1982, p. 126.

identique à la mort), simple objet insaisissable de l'imagination inconsciente, que même l'érotisme humain ne pourra plus jamais atteindre. La jouissance apparaît alors comme un au-delà de la sexualité (comme une véritable « expérience limite » ontologique portée par l'imagination), même si elle trouve en elle sa source première. Or, cela rend compte, tout d'abord, nous semble-t-il, de ce type de jouissance qui va, en effet, au-delà du plaisir sexuel aussi intense soit-il, bien qu'il lui soit étrangement apparenté, qui se manifeste dans les états de transe et dans l'extase mystique, dont a souvent traité Bataille lui-même[54] et dont traite Lacan dans *Le Séminaire, Livre XX*. Et il est vrai que les sociétés anciennes (et encore l'Antiquité gréco-latine) étaient en effet coutumières de ces expériences de transe et d'extase.

Mais il faut noter cependant que, pas plus que l'érotisme (au sens que lui donne Bataille), l'extase mystique qui va cependant encore au-delà de celui-ci, ne peut elle-même atteindre *pleinement* la jouissance, laquelle demeure ainsi un *horizon*, toujours ouvert *a priori* (de manière inconsciente par l'imagination), mais inaccessible (car représentant une plénitude absolue, un chavirement extatique total, une perte de soi identique à la mort). Et il est essentiel de bien comprendre en même temps que, paradoxalement, cela n'empêche pas qu'elle soit *pressentie*, toujours là, de sorte que « ça jouit » doucement, de manière imperceptible, mais en permanence en nous (y compris dans la vie quotidienne). Or, Bataille ne semble pas toujours mesurer cela, alors même qu'il comprend l'érotisme

---

54. *Cf.*, Georges Bataille, *L'Expérience intérieure* (1943) et *L'Erotisme* (1957).

comme articulé à un au-delà inaccessible de lui-même qui est le Réel hétérogène, ou le « fond des mondes » (l'éternité comme confusion originelle des éléments, comme « la mer allée avec le soleil »[55]) et qu'il définit ce Réel comme « l'impossible »[56] que seule l'imagination artistique (donc la « sublimation ») peut dévoiler métaphoriquement en son altérité comme telle.

En effet, ce que Bataille nomme « transgression » est une notion complexe. Il lui arrive parfois d'expliquer, qu'au plus profond, elle n'est produite que par l'interdit lui-même, lequel ouvre à cela même qu'il interdit comme à une dimension sacrée et absolument inaccessible. Il écrit, en effet, ceci dans *La Littérature et le mal* : « Le domaine interdit, est… le domaine sacré. Il est vrai, l'humanité l'exclut, mais pour le magnifier. L'interdit divinise ce dont il défend l'accès »[57].

Il va envisager, à partir de là, une telle ouverture au domaine interdit, qui magnifie cela même qui est interdit, comme relevant d'un travail de l'imagination, lequel ne trouve sa forme aboutie que dans les créations de l'art. Ce qu'il appelle alors (peut-être improprement) « transgression », n'est ainsi rien d'autre que la sublimation qui, selon Lacan, ouvre par l'imagination (artistique) au domaine inaccessible *comme tel*[58]. Dans *Lascaux ou la naissance de l'art*, Bataille écrit en effet ceci : « Il nous importe ici que dans son essence, et dans sa pratique, l'art exprime ce moment de transgression…, qu'il l'exprime seul assez gravement et qu'il en soit la

---

55. Georges Bataille, *L'Erotisme*, Paris, Minuit, 2011, p. 28-29.

56. Georges Bataille, *Œuvres complètes*, Paris, Gallimard, T. III, p.41: « L'impossible est le fond de l'être ».

57. Georges Bataille, *La Littérature et le mal*, in *O.C.* T. IX, p. 179.

58. Jacques Lacan *Le Séminaire Livre VII*, p. 155.

seule issue »[59]. Ce texte précieux signifie que seule l'imagination artistique - et non pas l'érotisme ni même l'extase mystique, qui cependant l'approchent - est susceptible de nous articuler au Réel, de sorte qu'il ne peut, en effet, se donner en dernière analyse qu'à travers la sublimation, qui seule peut l'anticiper *tel qu'il est*, c'est-à-dire comme cet impossible qui ne pourrait être rejoint que dans la mort.

On pourrait alors s'orienter vers une lecture de Bataille beaucoup plus subtile que la lecture habituelle, qui en fait un penseur de la transgression au sens courant du terme. D'après cette lecture courante, l'homme, qui a du renoncer à l'installation mortifère dans la jouissance immédiate en se soumettant à des interdits, ne peut s'accomplir pleinement que dans des moments de transgression où il renoue, à la limite, avec cette inquiétante jouissance qu'il avait du d'abord mettre à distance pour s'humaniser, se socialiser et se soumettre à l'obligation du travail.

Or, une autre lecture de Bataille est possible qui le détache des illusions de la transgression (prétendant nous faire accéder à la jouissance), et montre plutôt qu'il y a simultanément pour l'homme - *et en permanence* - une double ouverture au monde, dans et par l'interdit infranchissable. En effet, l'interdit, en l'arrachant à la jouissance immédiate, introduit une distance dans sa relation avec le monde. Il le place ainsi face au monde, en position relative d'extériorité, et il lui permet alors de le maîtriser (dans une certaine mesure) par son travail et ses outils, en le lui faisant envisager en même temps comme organisé et explicable. Or, simultanément,

---

59. Georges Bataille, *Lascaux ou la naissance de l'art*, in *Œuvres complètes*, Paris, Gallimard, T. IX, p. 41.

l'interdit génère un travail de l'imagination, en magnifiant cela même qui est interdit - la confusion immédiate avec le fond inorganique informe de l'être dans la jouissance extatique - devenu maintenant un domaine sacré inaccessible (dont l'accès est subordonné à la mort). Ainsi, par l'imagination, habituellement inconsciente, mais dont la forme accomplie et déployée au grand jour est l'art, l'homme va maintenant s'ouvrir à l'univers dont il participe, comme à une plénitude de présence hétérogène, irrationnelle, qui est profusion de formes inutiles (n'ayant pas d'autre sens qu'« être ») et pure dépense, dans la mesure où tout provient puis retourne au Réel inaccessible, insondable et irreprésentable (que seules les figures de l'art peuvent esquisser de manière métaphorique).

Par conséquent, si dans la vie quotidienne, l'homme qui se place face au monde (dans le cadre d'une attitude dominatrice), s'ouvre de manière consciente et rationnelle à celui-ci comme explicable, donc organisé et maîtrisable par le travail et les outils ; inconsciemment, il s'ouvre simultanément à celui-ci d'une manière toute différente. Il s'ouvre en effet à lui, simultanément, mais de manière le plus souvent implicite, comme à une réalité démesurée (et irrationnelle) qui l'englobe, et qui se déploie en pure perte, à partir et en direction d'un fond informe retiré (lieu inaccessible de la jouissance mythique, « impossible », identique à la mort). Donc, si dans la vie quotidienne l'homme se place face au monde, en position relative d'extériorité, afin de l'expliquer et de s'efforcer de le maîtriser, il revient à l'art d'exhiber (en rupture avec cette quotidienneté) une ouverture plus profonde à celui-ci, mais habituellement inconsciente, dans et par laquelle il se montre alors comme une plénitude englobante et insondable, se déployant sans raison et en pure perte, épuisant son sens à « être ».

Ainsi, ni l'érotisme, ni même l'extase mystique ne peuvent atteindre *pleinement* cette « jouissance autre » qu'est la jouissance extatique (qui est son sens authentique), à laquelle ouvre l'interdit. En effet, seule la sublimation, habituellement inconsciente (ou implicite), et qui n'est pleinement déployée au grand jour que par les formes métaphoriques de l'art, peut nous permettre d'anticiper et ainsi de nous faire approcher, pressentir, ce lieu mythique (inaccessible) de la jouissance absolue (le « fond hétérogène des mondes »). Mais elle nous y ouvre *en permanence*, de sorte que, même dans la vie quotidienne, nous nous savons (implicitement) participer de la plénitude de cette immensité informe de l'univers se dépensant en pure perte, épuisant son sens à « être ». La pensée de Bataille se rapprocherait alors de la conception heideggérienne du *Da-sein*, qui se tient, en effet, toujours secrètement ouvert *a priori* à la *phusis* dont le fond est *Chaos*. Or, on le sait, Lacan a repris à son compte cette idée propre à Bataille, selon laquelle le Réel auquel nous sommes articulés est *l'impossible*. Et cela l'a conduit, lui aussi, à y voir le lieu de la jouissance « barrée », impossible (liée à la pulsion de mort), que seul l'art peut dévoiler.

Toutefois, en ce qui concerne Heidegger, on pourrait objecter que le rapprochement avec Bataille et Lacan est un peu forcé, en partie au moins arbitraire, car sa pensée semble étrangère à cette démarche qui fait de l'être le lieu inaccessible de la « jouissance extatique ». Or, comme nous allons le voir il n'en est rien.

En dépit des apparences, une telle identification de l'expérience ontologique à l'ouverture à la jouissance « barrée » (en tant qu'elle se situe au-delà même de la sexualité) qui est propre à Bataille ainsi qu'à Lacan, n'est pas totalement étrangère à Heidegger. En effet, c'est une telle prise en vue de l'être, de la Chose (de l'*apeiron*), comme lieu d'une jouissance absolue impossible, qui explique que Heidegger ait pu - identifiant dans *La Parole d'Anaximandre* la « voyance poétique » à l'art du devin Calchas - concevoir la démarche ontologique originelle (la poésie-pensée mythique et présocratique de l'être), comme portée par la « frénésie » d'une « transe voyante », donc comme une forme d'extase. Le devin - qui vient ici à la place du poète-penseur et qui, s'évadant de la relation quotidienne à l'étant, s'ouvre à la plénitude de présence de la *phusis* - est alors conçu comme un *Maïnomenos*, c'est-à-dire comme intérieurement agité par des transports frénétiques (à l'image des bacchants). Voici, en effet, ce qu'écrit Heidegger dans un passage étonnant (qui est peut-être un hapax dans son œuvre) de *La Parole d'Anaximandre* :

« Le voyant voit, dans la mesure où il a vu toutes choses comme présentes (...). Le voyant... est le *Maïnomenos*, le frénétique... La frénésie de la transe voyante ne consiste pas en ce que le frénétique se démène, roulant les yeux et se tordant les membres. La frénésie de celui qui voit peut s'accompagner du calme non spectaculaire d'un recueillement du corps... Le voyant est celui qui a déjà vu le tout du présent dans la présence… Avoir vu est l'essence du savoir (…). Le savoir est mémoire de l'être.[60]

Or, il est essentiel de noter que, dans ce même texte, où il présente la pensée de l'être comme une « transe voyante », Heidegger se risquera à penser l'être lui-même dans son rapport à l'étant – c'est-à-dire l'être comme cette profusion surabondante et englobante de la *phusis*, qui ne cesse de déployer des étants déterminés avant de les reprendre en elle – comme un pur *jouir* (*geniessen*). Voici, en effet ce qu'il écrit : « Jouir (*geniessen*) signifie se réjouir d'une chose, être en sa jouissance (…). La jouissance nomme la guise selon laquelle l'être lui-même se déploie comme rapport au présent… qui délivre le présent à sa présence c'est-à-dire à son séjour »[61]. L'être, déployant l'étant comme ce règne surabondant de la présence du monde, est donc, en quelque sorte, une plénitude sans limite, jouissant purement d'elle-même. C'est pourquoi, Françoise Dastur a pu écrire, à juste titre, que « la jouissance dont il est question ici renvoie à… une profusion originaire »[62]. On voit alors maintenant, à partir de ces analyses, que cette « intersection » que nous cherchons à exhiber entre les pensées de Heidegger, Bataille et Lacan, ne constitue pas du tout un point de vue arbitraire de notre part.

---

60. Martin Heidegger, *La parole d'Anaximandre*, in *Chemins…*, Paris, Gallimard, 1996, p. 418-420.

61. Martin Heidegger, *La Parole d'Anaximandre*, in *Chemins…*, p. 442-443 (*Cf.* G.A. 5, p. 367).

62. Françoise Dastur, *Heidegger et la pensée à venir*, Paris, Vrin, 2011, p. 183.

L'homme en tant que *Da-sein*, se définit donc *structurellement* par une ouverture *a priori*, habituellement inconsciente et portée par l'imagination transcendantale (comme « spontanéité réceptive »), à l'être, à la « Chose en soi », comme cette dimension retirée - « chaotique » et inaccessible (mais toujours pressentie) pour les êtres individués, c'est-à-dire séparés - qui est celle de la plénitude absolue (de l'unité perdue). Et cette plénitude absolue inaccessible est cependant ce qui nous englobe : elle n'est pas seulement le fond dérobé, mais simultanément le Tout incommensurable dans lequel nous baignons. Or, l'activité inconsciente de l'imagination transcendantale est une *spontanéité* se déployant à travers l'obscurité des sensations, dirigée vers l'être inaccessible et irreprésentable (de sorte qu'elle doit le traduire en images poétiques), laquelle est cependant *réceptive*, car elle se laisse en permanence « toucher », de manière quasi imperceptible par celui-ci.

C'est sur le fond de cette anticipation inconsciente de la « jouissance » de l'être (au double sens du génitif) - en tant qu'elle demeure inaccessible - que le monde peut alors seulement se dévoiler à l'homme, originellement, comme ce règne englobant des phénomènes, portés par la *phusis*, dans lequel tout provient de ce fond informe avant d'y retourner, n'ayant ainsi pas d'autre sens qu'« être ». Et ce dévoilement s'accomplit alors à travers les sens et par le pouvoir originel de *nomination* des mots (que retrouve la poésie), en chacun desquels parle en secret le verbe être. C'est en ce sens que le *Da-sein*, qui est le « là » de l'être (de l'existence) des choses se tient toujours *dans* la vérité originelle comme dévoilement, c'est-à-dire dans l'*aletheia.*

Tel est le sens profond de la lecture de Parménide par Heidegger (à partir de laquelle il faut comprendre celle qu'il donne d'Héraclite). En effet, nous sommes en permanence ouverts à ce règne parménidéen de la plénitude d'une *présence* immuable et insondable, qui demeure toujours une et la même à travers ses transformations internes, qui nous *baigne* et nous englobe, de l'éternité de laquelle nous participons, mais sans jamais pouvoir la rejoindre cependant, car elle est à la fois le fond retiré et la dimension incommensurable dans laquelle se déploie le jeu des contrastes de l'étant. En effet, nous ne sommes pas seulement des êtres individués, mais par un aspect dérobé de nous-mêmes (que nous ne rejoindrons que dans la mort), nous sommes mêlés à l'immanence du monde.

Cela signifie que, de manière totalement inapparente, nous nous tenons *en permanence* dans le pressentiment de la plénitude extatique de notre confusion avec le monde en tant qu'elle se confond avec l'absence à soi de la mort. Nous éprouvons ainsi, secrètement, au fond de nous-mêmes - de manière étrangement inquiétante mais *positive* - un abandon panique à la plénitude du « repos éternel » dans l'inorganique. Il s'agit d'une expérience anticipée de la mort comme accès à la plénitude d'une absorption passive dans la nature inorganique et informe (et bien entendu, une telle « expérience » n'est possible que sous cette forme d'une simple anticipation). Or, il s'agit bel et bien, répétons-le, d'un *a priori* structurel et fondamental de notre *Dasein.*

Il faut donc comprendre, finalement, que la « Chose en soi » inconnaissable, nous *apparaît* cependant en permanence à travers l'obscurité des sensations, d'une manière paradoxale, c'est-à-dire *comme ce qui se dérobe* :

elle est cette dimension opaque d'insondable étrangeté, cette immensité (matérielle) impénétrable et informe, que Heidegger a nommé la *terre*, qui nous baigne, et sur fond de l'anticipation de quoi *seulement*, les phénomènes délimités peuvent alors se détacher et se montrer en leur carrure, en leur épaisseur de présence propre. En effet, dans la mesure où elle est portée par l'imagination transcendantale et qu'elle est donc « anticipante », la perception humaine qui puise dans l'obscurité des sensations et que l'artiste sait retrouver en sa fraîcheur originelle, «… s'enfonce dans la massivité et la gravité de la pierre, dans la dureté du métal, dans la brillance et l'intensité de la couleur… le poids du rocher… la rumeur des flots et le froissement des branches… »[63].

Or, voici ce qu'ajoute Heidegger concernant cette profusion, cette intensité à laquelle ouvrent les sensations : « Cette insurpassable profusion nous la nommons la *terre*… Cette *terre*… est ce qui se déploie en permanence à profusion, et pourtant se reprend et retient toujours en soi ce qui s'est déployé. La pierre pèse, montre sa gravité et se retire aussitôt en soi ; la couleur s'illumine et reste néanmoins fermée… ce qui entre ainsi dans l'ouvert est directement cet acte de se fermer, et c'est cela *l'essence de la terre* »[64]. Et il faut comprendre que ce qu'Heidegger nomme la *terre* est l'essence même de la matière, comme fond informe retiré et hétérogène - car déchiré par une contradiction fondamentale entre une puissance productrice et une tendance à tout reprendre en soi - de tout ce qui est.

---

63. Martin Heidegger, *De l'origine de l'œuvre d'art. Première version* (1935), Paris, Rivages, 2014, p. 63.
64. *Ibid.*

Telle est l'ontologie originelle (la compréhension de l'être), antérieure à la métaphysique traditionnelle, qui compose la nature de l'homme comme *Da-sein*. L'*aletheia*, c'est-à-dire l'ouverture à l'étant en totalité en son être, en tant qu'il « est », en sa *présence* insondable (intrinsèquement étrange), est ainsi, pour reprendre librement une expression de Heidegger dans *L'Origine de l'œuvre d'art*, « la réciprocité adverse d'une éclaircie et d'une réserve ». Le léger pressentiment – *permanent* - de cette plénitude de présence irrationnelle qui nous baigne (de cette jouissance extatique absolue identique à la mort), mais que nous ne pourrons cependant jamais rejoindre à cause de notre finitude radicale, était personnifié dans l'Antiquité grecque par Dionysos, mais aussi et surtout par le dieu Pan (qui appartient à son cortège). Alors même que cela demeure la plupart du temps inconscient, nous nous savons baignés – malgré la finitude et l'individuation indépassables - dans l'immanence des « Mères de l'être » (de la matière hétérogène et informe, irreprésentable), bien que nous ne puissions jamais les rejoindre (sinon dans la mort comme retour à ce dont nous provenons par la naissance). C'est en ce sens précis que nous sommes toujours ouverts, de manière très secrète, au pressentiment de la plénitude de l'être (de la Chose) dans laquelle tout règne de l'étant se déploie, c'est-à-dire à la « jouissance barrée ».

Il appartient ainsi à l'essence même de la Chose de toujours se donner de manière paradoxale, c'est-à-dire de manière secrète et en se refusant en même temps. C'est, nous l'avions suggéré, ce que Bataille approche mais ne voit pas suffisamment. Or, dans Le *Séminaire*

Livre VII, Lacan montre avec pertinence, nous l'avons évoqué plus haut, comment cette question est abordée par Heidegger dans la conférence *La Chose* de 1950[65]. En effet, le monde, comme règne de la *phusis* auquel le *Dasein* qui l'habite est ouvert *a priori*, est pensé, dans cette conférence, comme un Quadriparti, de la Terre, du Ciel, des Divins et des Mortels. Et il faut comprendre que les Quatre constituent un jeu de miroir, ou de renvois, qui s'organise autour d'un vide, d'un manque, d'une absence fondamentale, d'une « chose manquante », qui en est le cœur, et que Heidegger nomme la Chose (*das Ding*)[66].

Or, dans la conférence de Heidegger, cette Chose manquante, qui n'est finalement rien d'autre - ainsi que le montrera Jean Beaufret[67] - que le *Chaos* comme fond informe et totalement dérobé de la *phusis*, est exhibée *comme telle* (comme ce qui manque dans le monde phénoménal, comme lieu vide), à travers l'exemple de la cruche (ou du vase) utilisée pour servir du vin. En effet, la cruche est alors ce lieu vide de passage du vin qui, réunissant la substance nourricière de la Terre et la force solaire du Ciel, va apaiser la soif des Mortels non sans avoir été d'abord versé comme libation offerte aux Divins. La cruche représente ainsi ce vide central qui relie (par le versement du liquide) les Quatre en tant que leur jeu de miroir renvoie au manque de la Chose. A travers les gestes quotidiens du *Dasein*, comme ici le fait

65. Jacques Lacan, *Le Séminaire, Livre VII*, Paris, Le Seuil, 1986, p. 80 et 144-145.
66. Martin Heidegger, *La Chose*, in *Essais et conférences*, Paris, Gallimard, 1976, pages 194-218.
67. Jean Beaufret, *Heidegger et la théologie*, in *Dialogue avec Heidegger IV*, Paris, Minuit, 1985, p. 45.

de verser le vin contenu dans une cruche, la Chose dérobée est donc toujours impliquée, visée, de manière inapparente et secrète.

Mais comme nous l'avons suggéré, c'est à l'art (dont l'essence est poésie pour Heidegger) dans ses productions les plus fortes – et à lui seul comme forme la plus accomplie de la sublimation, c'est-à-dire du travail de l'imagination - qu'il revient de pouvoir, véritablement mettre au jour une telle ouverture à la plénitude de l'être (à la Chose), habituellement cachée dans la vie quotidienne et dans laquelle nous baignons sans *jamais* pouvoir la rejoindre. Telle est ainsi l'essence (positive) du *tragique* pleinement élucidée, laquelle est constitutive de celle de l'homme comme *Dasein*.

Quatrième partie

HEIDEGGER, BATAILLE ET LACAN FACE AU MONDE MODERNE

La Chose « forclose » et son retour déchaîné à travers la pulsion de mort.

L'essence originelle de l'homme, dans le rapport essentiel qu'elle entretient avec la Chose (ou encore avec l'être) *via* la « jouissance barrée », est, nous l'avons déjà suggéré, le plus souvent recouverte, déniée, dans la plupart des civilisations. Or, nous l'avons vu, pour Heidegger les Grecs anciens furent à la hauteur de cette essence originelle de l'homme dans son ouverture à l'être. Toutefois, et paradoxalement, ils furent aussi par la suite, à partir de Platon, ceux qui ont renié cette essence de la manière la plus radicale ! C'est ce que Heidegger a appelé l'oubli de l'être que nous proposons de penser, en nous inspirant de Lacan, comme une véritable « forclusion », comme un déni radical. Or, pour Heidegger c'est ce déni qui explique à lui seul notre histoire et son aboutissement dans le règne de la technique planétaire.

Il s'agit donc maintenant, sur la base de ce que nous avons établi, de comprendre l'histoire de l'Occident devenue aujourd'hui planétaire - depuis l'époque de Platon jusqu'au règne moderne et mondialisé de la techno-science – comme secrètement (mais entièrement) fondée sur un rejet radical, une forclusion (*Verwerfung*[68]) de cette jouissance « barrée » en tant qu'accès à la Chose (à la *phusis* insondable), c'est-à-dire en tant que véhiculant la vérité ontologique originelle. Il s'agit, pour le dire autrement, de comprendre notre histoire comme fondée sur le déni du dévoilement

68. Jacques Lacan, *D'une question préliminaire à tout traitement possible de la psychose*, in *Ecrits*, p. 558 et *Le Séminaire, Livre VII*, p. 157.

originel de l'étant en son être comme *pure existence* irrationnelle, indisponible et englobante, dans le cadre d'un rationalisme absolu, qui apparaît avec la philosophie des Idées de Platon, qui s'épanouira dans le règne moderne de la techno-science et qui se révèlera alors, finalement, être au service de la vie humaine.

Heidegger montrera, en effet, que l'être est désormais pensé, non plus comme une présence hétérogène insondable et englobante, mais comme « présence constante » en ce sens qu'il doit être pleinement intelligible, c'est-à-dire pouvoir être reconduit à la présence à soi de la pensée, de la Raison, elle-même fondée sur la pleine présence à soi de la vie. Et il n'est pas sans intérêt de noter qu'avant Heidegger, Kant avait déjà décelé, à sa manière, dans la *Dialectique transcendantale* de la *Critique de la raison pure*, une pathologie spécifique de la Raison, un délire de celle-ci qui prétend illusoirement atteindre l'inconditionné, accéder à une connaissance absolue en s'affranchissant de toute relation aux données de l'expérience.

Mais ce que Kant (qui pensait que la Raison pouvait se poser à elle-même des limites) n'a pas suffisamment vu, est que cette pathologie de la Raison est en fait constitutive de son essence même. C'est ainsi que la science qui est issue de la métaphysique (qui l'accomplit), et qui, bien comprise, est techno-science, considère que le réel est intégralement explicable, qu'il est d'essence mathématique, de sorte qu'il a pour vocation d'être produit, maîtrisé, et rendu totalement disponible (consommable) grâce à la technologie. Ce que Heidegger a nommé la « technique moderne », qui est en fait la techno-science, repose, en effet, sur le présupposé du caractère totalement explicable et exploitable du réel.

Or, ce présupposé n'est rien d'autre, selon Lacan, que la « forclusion » (*Verwerfung*), le « déni » de la Chose, c'est-à-dire du Réel en tant qu'il est par essence irrationnel, hétérogène, insondable et donc indisponible en son fond. Voici, en effet, ce qu'il écrit dans le *Séminaire VII* : « C'est à proprement parler de *Verwerfung* qu'il s'agit dans le discours de la science. Le discours de la science rejette la présence de la Chose, pour autant que, dans sa perspective, se profile l'idéal du savoir absolu… Le discours de la science est déterminé par cette *Verwerfung* »[69]. Il nous semble donc que ce que Lacan appelle *Verwerfung* est cela même que Heidegger a nommé de son côté « oubli de l'être », lequel doit être compris, ainsi que l'a bien vu Jean-Luc Marion, comme une « ontologie par dénégation »[70].

Le monde moderne est, en effet, annoncé par la rationalité philosophique qui apparaît véritablement chez Platon pour culminer avec Hegel, avant son renversement nietzschéen dans une ontologie de la volonté de puissance portant la vie qui en exhibe en fait les fondements cachés. Le rejet de la « jouissance barrée » comme accès au Réel, qui est fondateur de l'histoire occidentale devenue aujourd'hui planétaire et qui est annoncé et préparé par la métaphysique traditionnelle, prendra ainsi finalement la forme d'un règne de la Raison se saisissant de toute réalité pour la placer sous son contrôle, qu'il s'agisse de la nature ou de

---

69. Jacques Lacan, *Le Séminaire. Livre VII*, p. 157.
70. Jean-Luc Marion, *L'ontologie grise de Descartes*, Paris, Vrin, 1975, p. 185.

la société ; lequel règne est au service d'une affirmation inconditionnelle de la vie prétendant dominer l'étant en totalité par la techno-science.

La vie se prétend ainsi *illusoirement*, à travers l'homme, originaire et auto fondatrice (alors qu'elle est en fait englobée dans l'inorganique qui la précède et l'excède). Il s'agit, à travers cela, de la vie humaine qui, déniant sa finitude radicale d'être-dans-le-monde (inorganique et informe en son fond), s'affirme à nouveau de manière inconditionnelle et prétend s'autocontrôler. Son outil va être alors, en effet, la Raison, ce qui va déboucher sur le règne de ce que Heidegger a nommé le *Gestell*, c'est-à-dire de l'arraisonnement technoscientifique de tout ce qui est : de la nature aussi bien que de la société.

Cette *hubris* de la vie n'est rien d'autre que le retour, à un niveau supérieur (c'est-à-dire maintenant à travers un sens universel), de l'*hubris* humaine originelle qui avait été « refoulée » (elle est négation de la négation). Or, cela signifie, en termes lacaniens, que l'homme a rejeté la « castration » symbolique, l'a « forclose », et qu'il a ainsi renoué, à un niveau supérieur, avec son identification imaginaire au Phallus, c'est-à-dire à la vie *fantasmée* comme éternelle et toute puissante, pleinement présente à elle-même (la matière inorganique n'étant qu'un matériau à son service). Les hommes se sentent alors portés par la toute puissance (imaginaire) de la vie générique de l'espèce dont ils participent et qui se place au centre de l'étant (s'imaginant, en son narcissisme, solidaire de tout le règne du vivant).

La Raison, sous sa forme accomplie, n'est rien d'autre que l'instrument fondamental que se donne la vie pour se concevoir et s'accomplir comme centre de tout ce qui est (considéré comme intégralement explicable et disponible). Or, il faut bien comprendre que c'est cela même qui explique le règne moderne des philosophies de la vie (avec Nietzsche, Bergson et Deleuze). On pourrait risquer alors ceci, en termes lacaniens : de manière inconsciente, l'être est donc maintenant pensé (illusoirement) comme « Phallus maternel », universel et tout puissant (comme toute puissance et éternité de la pleine présence à soi de la vie) sur la base de la « forclusion » de son essence originelle comme Réel hétérogène (dans lequel la vie en sa finitude doit s'inscrire). Or, ce fantasme de la toute puissance de la vie générique de l'humanité est cela même qui fonde la techno-science moderne (comme accomplissement de la Raison) dans sa prétention à comprendre, produire et maîtriser tout ce qui est, réduit à l'intelligibilité totale par les mathématiques et à la disponibilité au service de la vie par la technologie.

A ce moment là se met alors en place, progressivement, une civilisation mondialisée, prétendant exploiter et contrôler les énergies naturelles (grâce à la techno-science utilisant les énergies renouvelables), portée par l'idéal exclusif d'une auto-affirmation et d'un autocontrôle rationnel absolu de la vie générique de l'humanité, qui se veut homogène, uniformisée, dont tout individu doit impérativement se sentir participer (l'individualisme étant banni). Dans le cadre de cette civilisation mondialisée, il est nécessaire que soient progressivement rejetées, la famille traditionnelle (au profit d'un règne des mères), ainsi que les différences culturelles (réduites à des particularismes folkloriques). Or, ce règne de la toute puissance de la vie comme vie de l'espèce (qui est donc celui du

« Phallus maternel »), sera inévitablement totalitaire car il conduit à subordonner totalement l'individu au groupe et donc à rejeter cette conquête proprement humaine qu'était la liberté individuelle.

Chaque individu, fondamentalement « schizoïde » (désormais sans identité propre et fixe), pourrait-on dire en utilisant librement le vocabulaire de Deleuze, devra être immédiatement « branché » sur le « corps sans organes » du Phallus maternel universel. C'est ce qu'avait vu, à sa manière, Mircea Eliade qui écrivit ceci, en 1960, dans son journal : « Après une longue période mythologique et une courte période historique, nous sommes au seuil d'une époque biologique (économique). L'homme sera réduit à la condition de termite, de fourmi... Pendant quelques générations, ou, peut-être, plusieurs milliers d'années, les hommes vivront comme des fourmis »[71].

Mais cette comparaison n'est encore qu'une approximation insuffisante, car il y a une harmonie dans les sociétés d'insectes où chaque individu trouve sa place, alors qu'il s'agit chez l'homme moderne d'une *hubris* de la vie de l'espèce, habitée par le fantasme de sa plénitude, de son homogénéité, ce qui débouchera inévitablement, nous l'avons déjà suggéré, sur une violence totalitaire. Cette civilisation planétaire, déployée par la vie générique de l'humanité se voulant toute puissante et homogène, prétendant régner sur la nature par la technique, obsédée par le contrôle, va, bel et bien générer une violence destructrice et autodestructrice.

---

71. Mircea Eliade, *Fragments d'un journal, I*, Paris, Gallimard, 1986, p. 321.

En effet, lorsque la vie s'affirme de manière inconditionnelle son sens se renverse, en quelque sorte, en son contraire, car elle devient, sous l'effet de sa propre démesure, une puissance destructrice et autodestructrice, ce qui signifie exactement que les puissances hétérogènes (inorganiques et informes) de l'être qu'elle croyait subjuguer la subvertissent depuis l'intérieur sous les traits de la dévastation et de la mort donné ou reçue. Or, il est essentiel de comprendre que cet effort d'affirmation absolue de la vie ne débouche pas accidentellement dans la violence et l'autodestruction, car il est, en réalité, le vecteur d'une *installation* dans la jouissance immédiate mortifère. En effet, dans et par l'*hubris*, la vie s'articule, très secrètement, à la plénitude absolue, donc à un chavirement voluptueux, à une perte de soi, débouchant sur la fascination pour la violence et le retour à la dissolution dans le « repos » du monde inorganique (provoqué ou subi), prenant les traits de la pulsion de mort.

La jouissance (la confusion limite avec la plénitude du Réel inorganique et informe) étant donc rejetée - comme « jouissance barrée » - dans un monde qui se veut entièrement rationnel et au service de la vie s'affirmant inconditionnellement, elle va alors aussitôt *faire retour* - de manière secrète et déniée – mais *sans médiation*, sous les traits du déchaînement d'une violence dévastatrice. En termes lacanien, lorsque la vie se veut toute puissante (lorsqu'elle se veut « Phallus maternel » tout puissant) elle est alors portée et subvertie depuis l'intérieur par la Chose hétérogène et informe (c'est-à-dire par l'inorganique), qui à son insu la précède et la fonde, sous les traits de la pulsion de mort.

Cette violence va se manifester en premier lieu sous les traits d'une pulsion d'emprise mortifère, c'est-à-dire de la violence d'une civilisation planétaire, se voulant démocratique mais prônant *en fait* une organisation rationnelle inflexible, et donc de plus en plus totalitaire car obsédée par le souci de l'uniformité et du contrôle rationnel total (ce qui est préfiguré par le totalitarisme communiste au XXème siècle). Ainsi que le soulignera Heidegger, « … aujourd'hui…, la particularité, la singularité et la valeur de l'individu disparaissent à une vitesse effrayante, au bénéfice d'une totale uniformité »[72]. La volonté rationnelle de mettre en place une société parfaitement transparente et homogène, dissimule, en effet, un projet paranoïaque et sadique de persécution, de destruction de la particularité individuelle, laquelle doit être brisée par tous les moyens (ainsi que l'a bien montré, à sa manière, Michel Foucault dans *Surveiller et punir*).

Et ce retour dévastateur de la Chose « forclose », va prendre aussi les traits du déchaînement des puissances chtoniennes de la nature, dévastant l'étant et menaçant la vie, que la technique a libérées en croyant illusoirement pouvoir les capter et les contrôler. Et il faut ajouter encore que cette civilisation totalitaire va être, en même temps, en permanence, en bute à la résistance et à la réaction hyper-violente et anarchique, d'individus, de groupes ou d'Etats, fascinés par la mort (ce qui était déjà le cas avec le nazisme et les fascismes). Mais, à travers tout cela, c'est l'être en son sens originel, le Réel hétérogène ou encore la Chose (la matière hétérogène), qui fait retour, s'impose et triomphe, mais

---

72. Martin Heidegger, *Le Principe de raison*, Paris, Gallimard, 2008, p. 182.

sous les traits méconnaissables et absolument effrayants, d'une jouissance immédiate, c'est-à-dire du Mal, ou encore de la pulsion de mort à l'état pur.

Il revient à Bataille, d'avoir montré, en effet, dans *La Part maudite* (1949), que le monde moderne n'est pas du tout ce qu'il croit être, qu'il ne correspond pas à l'image qu'il s'efforce de donner de lui-même. En apparence, il a éradiqué toutes les formes du sacré païen, c'est-à-dire toutes ces dépenses improductives, inutiles et irrationnelles (comme les fêtes orgiaques des sociétés primitives et antiques, avec leur mélange de débordements sexuels et d'expériences de transe et d'extase), par lesquelles l'homme s'articulait, de manière tragique, à la Chose, au Réel comme impossible. Le monde moderne, écrit-il, en particulier sous l'influence de la Réforme, «… détruisit le monde sacré, le monde de la consumation improductive, et livra la terre aux hommes de la production »[73].

La civilisation moderne et planétaire semble donc en avoir fini avec cette relation de l'homme, jugée archaïque, aberrante et pathologique, à la jouissance « barrée », à la « part maudite » en lui, et elle a œuvré à la mise en place d'une société parfaitement rationnelle au service de la vie générique de l'humanité. Or, cette civilisation, hantée par le fantasme paranoïaque du contrôle total, de l' « arraisonnement » de tous les domaines de la réalité, qu'il s'agisse de la nature ou de la société, et débordée depuis l'intérieur par des déchaînements de violence anarchique qu'elle a de plus en plus de mal à contenir, va apparaître elle-même comme le contraire de ce qu'elle prétend être. Elle va,

73. Georges Bataille, *La Part maudite*, Paris, Minuit, 1980, p. 163.

en effet, se révéler être le lieu d'une libération de la violence, à travers lequel se trahit le fait qu'elle a renouée à son insu avec la jouissance primaire, c'est-à-dire avec la pulsion de mort (qu'elle prétendait avoir éliminée).

Le vingtième siècle a déjà été, bel et bien, celui des guerres mondiales et des camps de concentration, nazis et communistes. Ainsi que le montre Bataille dans *La Part maudite*, c'est, en effet, sous les traits de la guerre et plus généralement de la violence extrême (par exemple celle des Etats totalitaires avec leurs centres de torture et leurs camps de travail forcé), que le sacré va maintenant se manifester sous une forme méconnaissable, sauvage et dévastatrice[74].

Paradoxalement, c'est en voulant éradiquer totalement la relation ancienne de l'homme à l'irrationnel de la jouissance - qui était cependant médiatisée - que la jouissance en vient alors à se déchaîner sous sa forme immédiate et mortifère. Mais il faudrait alors comprendre que c'est cet effort rationnel même pour éradiquer la jouissance « barrée », qui, parce qu'il est paranoïaque, constitue en fait le « retour du refoulé » (de la jouissance primaire). C'est, en effet, sous les apparences du Bien (se voulant absolu) que le Mal se manifeste de la façon la plus pure et la plus radicale.

Ainsi, lorsque la vie générique de l'humanité prétend s'affirmer de manière inconditionnelle et dominatrice, tout en s'autocontrôlant parfaitement, comme c'est le cas dans le cadre de ce que Heidegger a nommé le

---

74. Georges Bataille, *La Part maudite*, p. 62. *Cf.* aussi, *Les Larmes d'Eros*, Paris, 10/18, 2009, p. 109.

Gestell, elle est alors subvertie, depuis l'intérieur d'elle-même, par le fond inorganique et informe de l'être, dont elle dénie l'existence (en se posant comme originelle) mais qui pourtant la précède et dans laquelle elle s'inscrit. Il faut donc voir le « péril » qui menace notre monde comme provenant de l'être lui-même, car l' « oubli » (ou plutôt le « déni ») de son sens originel (comme dimension informe dérobée) se manifeste paradoxalement par un excès de présence de celui-ci, c'est-à-dire par la « malignité de la fureur (*Bösartigen des Grimmes*)»[75] à travers laquelle il se manifeste. Il apparaît ainsi que l'homme moderne est toujours, quoique d'une manière particulière, *Da-sein*. Il l'est en ce sens qu'à son insu il se place, fondamentalement, sous la « menace » de l'être, et ce, de manière à être le véhicule de cette menace.

Il nous semble qu'il est possible alors, ce qui s'accorde pleinement avec cette analyse pour la compléter, de comprendre le monde moderne à partir de la théorie lacanienne de la psychose, selon laquelle ce qui est « forclos » dans le symbolique (l'ouverture à la jouissance « barrée », c'est-à-dire au Réel), fait retour et fait alors irruption dans la réalité de manière dévastatrice. En effet, comme l'écrit Lacan : « ce qui n'est pas venu au jour du symbolique… va apparaître dans le réel, erratiquement… »[76]. On pourrait alors parler d'un « devenir psychotique » de la civilisation occidentale devenue planétaire avec une « oscillation

75. Martin Heidegger, *Lettre sur l'humanisme*, Paris, Aubier, 1977, p. 137.
76. Jacques Lacan, *Réponse au commentaire de Jean Hyppolite*, in *Ecrits*, p. 388.

incoercible » entre une tendance paranoïaque au contrôle absolu qui débouche sur une violence totalitaire, et une tendance schizophrénique à la désagrégation, au déchaînement anarchique de la violence et de la pulsion de mort. En même temps, nous l'avons déjà suggéré, l'emprise technoscientifique sur la nature va la dévaster et ainsi voir se retourner contre elle les énergies libérées de celle-ci qu'elle croyait pouvoir capter.

Le « Phallus maternel » déchaîné, se transformant en puissance destructrice et dévoratrice (car il est intérieurement subverti et porté par la Chose, par l'articulation à la jouissance immédiate), et auquel les individus sont inconsciemment identifiés, prend ainsi la double forme antinomique d'une pulsion paranoïaque d'emprise, universelle et rationnelle, et d'une décharge anarchique de violence individuelle de la part d'individus « schizoïdes » (dont l'identité est changeante et artificielle, car « imaginaire »). En même temps, il est aussi subverti depuis l'extérieur par les puissances cachées de la nature qu'il croyait pouvoir dompter.

Conclusion

Les analyses que nous avons développées au cours de ces quelques pages ont pour but de rendre possible la prise en vue de ce point essentiel où se nouent secrètement ontologie et jouissance : l'être humain - à cause de cette « part maudite », pour nous exprimer comme Bataille, qu'est son *hubris* originelle (comme identification à l'être) - ne peut en effet s'extirper de sa relation fondamentale, quoique dérobée, à la jouissance. Cela veut dire, c'est la même chose, qu'il ne peut s'extirper de son ouverture *a priori* à l'inorganique informe dont il se sent participer, donc de son ouverture au règne de la *phusis* « chaotique » en son fond et qui, épuisant ainsi son sens à être, est « pure dépense ».

Cela signifie *exactement* qu'il ne peut s'extirper de sa relation essentielle au dévoilement de la vérité ontologique originelle : de son ouverture constitutive - et intimement éprouvée, entraînant un « chavirement voluptueux » - à la *précession* de l'inorganique (comme pure présence hétérogène en deçà du sens se dépensant en pure perte), sur la vie qui doit s'inscrire en lui et dont elle participe. Or, cela veut dire, précisément, que lorsqu'il prétend tourner radicalement le dos à cette vérité, c'est-à-dire lorsque la vie humaine prétend s'affirmer pleinement, de manière inconditionnelle dans et par le contrôle absolu et la maîtrise rationnelle de tout ce qui est, celle-ci fait retour, s'impose à lui de manière dévastatrice, lui éclatant en quelque sorte au visage, sous les traits de la pulsion de mort.

Par conséquent, lorsque l'irrationnel (la Chose) ne s'ouvre plus comme objet impossible (mais approché et pressenti) de la jouissance et fond sous-jacent de tout ce qui est, lorsqu'on ne lui fait donc plus place positivement, alors il fait retour de manière destructrice. Or, on pourrait dire aussi, plus profondément encore - et ainsi que nous l'avons déjà suggéré - que ce rejet radical de l'ouverture à la Chose comme fond sous-jacent irrationnel et dérobé, par la vie se voulant toute puissante et autocontrôlée, est en fait une insurrection de celle-ci (à travers la vie), qui sort de sa retraite et s'affirme enfin au grand jour de manière violente. Le règne absolu de la vie générique de l'humanité - se voulant toute puissante et rationnellement contrôlée, s'efforçant d'assurer pleinement sa propre sécurité en maîtrisant l'étant en totalité - se révèle être finalement un règne du Mal et de la dévastation, et il apparaît donc, lorsque son sens véritable est ainsi enfin démasqué, comme le contraire même de ce qu'il prétendait être.

La dernière étape de notre démarche consiste donc à prendre en vue le monde moderne - qui prétend s'orienter vers la mise en place d'un règne de la Raison au service de la vie – comme conduisant en fait (tendanciellement) à l'opposé même de ce qu'il croit être, c'est-à-dire comme ayant, malheureusement, pour horizon dernier, un règne de la jouissance déchaînée, du « mal radical ». Or, cela est tout simplement irreprésentable, absolument impossible à penser dans le cadre de la philosophie rationaliste traditionnelle telle qu'elle s'est développée depuis Platon. Dans son livre,

Le Système totalitaire, après avoir essayé de rendre compte de l'horreur absolue des camps de concentration nazis et communistes, Hannah Arendt, ajoute ceci, avec beaucoup de pertinence : « C'est un trait inhérent à toute notre tradition philosophique que nous ne pouvons pas concevoir « un mal radical » »[77].

Mais prendre ainsi en vue, avec effroi, le monde moderne caractérisé par le « progrès » et le développement de la civilisation, comme débouchant sur le contraire de ce qu'il prétend être, c'est-à-dire comme tendanciellement orienté vers une telle installation mortifère et violente dans la jouissance dévastatrice, ne conduit pas à un simple constat négatif, car cela permet aussi de se *détacher* imperceptiblement de ce monde (et donc de s'en protéger). Cela conduit alors à envisager, à l'instar de Hölderlin (qui a profondément influencé Heidegger), ce monde issu finalement de la métaphysique platonicienne, qui est apparemment celui, tout « positif », de la production et de l'abondance, comme étant en fait celui de la « fuite des dieux » (comme images poétiques qui personnifiaient, chez les Grecs, l'ordre du monde), c'est-à-dire du *manque* de toute médiation dans notre relation au Réel, à l'être, ou encore à la jouissance.

Ce monde d'abondance et de violence se montre donc à nous, comme étant en réalité placé sous le signe d'un manque d'un « deuil », d'une « carence » essentielle (qui est, pourrait-on dire, le manque de ce qui introduisait le manque, la distance). Or, ces images poétiques des dieux, Hölderlin les considère comme les

---

77. Hannah Arendt, *Le Système totalitaire*, Paris, Le Seuil, coll. Points, 2005, p. 278.

gardiens de l'ordre de la *Diké* (ou de la *Moïra*), c'est-à-dire de l'ordre du monde comme jeu de contrastes. Ils représentaient l'ordre du monde en tant qu'il nous tient sous son regard, nous concerne et nous assigne notre « partage » en nous ouvrant à notre finitude. Les dieux (à la fois inquiétants et familiers) sont ainsi des figures tutélaires et paternelles.

Il apparaît ainsi que la « fuite des dieux » - à l'autorité desquels se référait autrefois celle des pères terrestres et mortels - qui ont détourné de nous leurs visages, est la même chose, en termes lacaniens, que cette « carence paternelle » qui scelle l'effondrement de l'ordre symbolique et le « devenir psychotique » de l'Occident mondialisé[78]. Or, il faut comprendre alors que cette prise de conscience du « défaut des dieux », du « manque des noms sacrés », est, comme le dira Hölderlin, cela même qui, paradoxalement, peut seul nous « porter secours »[79], nous aider, en nous arrachant à la fascination de la jouissance immédiate. En effet, s'ouvrir à cette « carence » de l'ordre symbolique, qui était représenté par les dieux, revient, nous l'avons déjà suggéré, à prendre la mesure du fait que le monde moderne, qui est apparemment le règne tout « positif » de l'abondance et du progrès, est en réalité placé sous le signe d'un « manque » fondamental, d'une carence : il est caractérisé par le manque de ce qui introduisait le manque. Or, cela conduit à nous restituer une certaine relation au symbolique (comme ce qui précisément

78. Jacques Lacan, *D'une question préliminaire à tout traitement possible de la psychose*, in *Ecrits*, p. 531-584.
79. Friedrich Hölderlin, *Vocation de poète* (deuxième version), in *Œuvre poétique complète*, Paris, Editions de la Différence, 2005, p. 623.

manque dans notre monde), et donc à nous restituer (partiellement) une relation médiatisée à la jouissance, c'est-à-dire comme « jouissance barrée », ou encore comme ouverture à la Chose en tant qu'elle se tient en retrait. Prendre en vue notre monde comme « déserté par les dieux », engendre ainsi une imperceptible dissidence qui permet alors de retrouver, dans certaines limites, une habitation poétique de la *phusis* dans et par la finitude, en rupture avec l'époque.

TABLE DES MATIÈRES

Philosophie

aux éditions L'Harmattan

Dernières parutions

L'ENFANCE TERRIBLE DES ÉTATS (Tome 1)
Conscience humaine et violence de l'État dans quelques mythes et œuvres majeures de la littérature occidentale
Lamblé Pierre
Dans ce premier volume consacré aux rapports entre la conscience humaine et la violence de l'État, Pierre Lamblé étudie particulièrement quelques mythes de fondation de cité ainsi que les plus grands textes de la littérature grecque, de Sophocle à Platon, pour décortiquer la complexité des rapports conflictuels entre les exigences de la conscience individuelle et la toute-puissance d'un pouvoir arbitraire qui refuse par principe toute contraction.
(Coll. Ouverture Philosophique, 25.50 euros, 246 p.)
ISBN : 978-2-343-09540-0, ISBN EBOOK : 978-2-14-001369-0

L'OMBRE DE CÉSAR (Tome 2)
Conscience humaine et violence de l'État dans quelques mythes et œuvres majeures de la littérature occidentale
Lamblé Pierre
Dans ce deuxième volume de *Conscience humaine et violence de l'État*, Pierre Lamblé s'attache tout particulièrement à l'étude de la pensée et de l'action politiques de Jules César, et de son influence sur l'Europe de la Renaissance au XVIIIe siècles, en montrant comment la pensée de Machiavel a nourri toute la réflexion politique des XVIIe et XVIIIe siècle, de Corneille à Voltaire et Leibnitz, en passant par Shakespeare.
(Coll. Ouverture Philosophique, 26.00 euros, 250 p.) *ISBN : 978-2-336-30390-1, ISBN EBOOK : 978-2-14-001368-3*

ESPRIT ET DÉRAISON (Tome 3)
Conscience humaine et violence de l'État dans quelques mythes et œuvres majeures de la littérature occidentale
Lamblé Pierre
Dans ce troisième volume de *Conscience humaine et violence de l'État*, Pierre Lamblé étudie le développement du conflit entre les exigences de la liberté individuelle et la structure de plus en plus oppressive de l'appareil d'État, de la fin du XVIIIe siècle à l'aube du XXe, à travers *Le Contrat social* de Rousseau, la

philosophie de l'histoire de Hegel, *Lorenzaccio* de Musset, *Résurrection* de Tolstoï et *Le Procès* de Kafka.
(Coll. Ouverture Philosophique, 29.00 euros, 278 p.)
ISBN : 978-2-336-30391-8, ISBN EBOOK : 978-2-14-001367-6

LE TEMPS DES MONSTRES (Tome 4)
Conscience humaine et violence de l'État dans quelques mythes et œuvres majeures de la littérature occidentale
Lamblé Pierre
Dans ce quatrième et dernier volume de *Conscience humaine et violence de l'État*, Pierre Lamblé s'intéresse tout particulièrement à trois œuvres fondamentales traitant de la naissance et du développement de l'idéologie nazie à l'intérieur de consciences occidentales : *Sa Majesté des mouches*, écrit par William Golding ; *Rhinocéros*, de Ionesco ; et *Si c'est un homme*, de Primo Levi.
(Coll. Ouverture Philosophique, 24.50 euros, 232 p.)
ISBN : 978-2-336-30392-5, ISBN EBOOK : 978-2-14-001366-9

L'EXPÉRIENCE SCIENTIFIQUE
Exposé philosophique de son développement
Hiahemzizou Rafik
Cet essai retrace l'évolution de l'expérimentation scientifique depuis la simple observation des phénomènes physiques à l'âge classique jusqu'à l'expérimentation-ingénierie qui met en jeu la manipulation et l'intervention sur les entités physiques. Cette enquête a amené l'auteur à réhabiliter une vision empiriste de la science occultée par la philosophie néo-théorique et inductive en révélant que l'expérimentation moderne est devenue un champ d'investigation scientifique pratiquement autonome de la théorie grâce aux progrès spectaculaires de la technologie.
(Coll. Ouverture Philosophique, 23.50 euros, 228 p.)
ISBN : 978-2-343-09285-0, ISBN EBOOK : 978-2-14-001363-8

L'HOSPITALITÉ COSMOPOLITIQUE À L'ÉPREUVE DU TERRORISME
Boundja Claver
Pour surmonter le terrorisme comme obstacle à l'hospitalité cosmopolitique, il convient de promouvoir une éthique de l'hospitalité, basée sur la compréhension de l'existence humaine individuelle comme «être-accueilli-et-accueillant». L'occupant autochtone ou national est le premier à bénéficier de l'hospitalité offerte par sa propre terre. Il ne peut lutter contre le terrorisme qu'en offrant à son tour cette même hospitalité, de sorte que la paix cosmopolitique est le partage de l'hospitalité reçue, celle qui vient de la terre-mère.
(Coll. Croire et savoir en Afrique, 16.50 euros, 158 p.)
ISBN : 978-2-343-09674-2, ISBN EBOOK : 978-2-14-001510-6

INTRODUCTION À LA MÉTHODE HERMÉNEUTIQUE DE HANS-GEORG GADAMER
Une lecture suivie de *Vérité et Méthode*
Mpassi Alphée Clay Sorel
Le présent ouvrage se propose d'aller à la rencontre de l'herméneutique de Gadamer telle qu'elle s'articule dans *Vérité et Méthode*. Il s'attache, comme le

déclare l'auteur lui-même, à montrer que « la sécurité assurée par le recours à la méthodologie scientifique ne suffit pas à garantir la vérité ». En d'autres termes, la question centrale de cette analyse est de montrer les limites du concept de vérité et d'une herméneutique soumises à une norme ou à une méthode.
(11.50 euros, 82 p.)
ISBN : 978-2-343-09311-6, ISBN EBOOK : 978-2-14-001377-5

KARL RAIMUND POPPER UNE ÉPISTÉMOLOGIE SANS VISAGE ET SANS RIVAGE (Volume 1)
Critique(s), Controverse(s) et Confrontation(s) – Cahiers épistémo-logiques 4, 2016
Sous la direction de Marcel Nguimbi
Les contributeurs de cet ouvrage revisitent l'épistémologie sans sujet connaissant de Karl Raimund Popper. De nos jours, l'épistémologie de Popper est de plus en plus mésinterprétée. On lui donne plusieurs sens, même les plus contradictoires. L'épistémologie de Popper est finalement «sans visage», puisqu'elle parcourt la plupart des champs de la connaissance humaine, puis «sans rivage», car elle serait sans borne. La question qui se pose est celle de savoir si l'on peut aujourd'hui faire de l'épistémologie sans Karl Popper après Karl Popper.
(31.00 euros, 300 p.)
ISBN : 978-2-343-09485-4, ISBN EBOOK : 978-2-14-001331-7

NATURE ET POÉTIQUE EN MOUVEMENT
Italo Calvino lecteur de Lucrèce, de l'Arioste et Giordano Bruno
Di Benedetto Maddalena
Cet ouvrage est consacré à un rapport entre Antiquité, Renaissance et modernité. Plus précisément, il analyse la corrélation intime de la poésie avec l'univers, tout en partant du point de vue d'Italo Calvino.
(Coll. La philosophie en commun, 31.00 euros, 302 p.)
ISBN : 978-2-343-09619-3, ISBN EBOOK : 978-2-14-001526-7

LE SALUT OU L'ÉVANGILE SELON SPINOZA
Cauchepin Philippe
La bonne nouvelle (l'évangile), c'est que tous les hommes, sans distinction de culture ou de religion, sont en tant qu'êtres de la Nature dotés de raison et d'intuition et sont, de ce fait, capables d'acquérir une connaissance vraie de cette Nature dont ils font partie et donc de leur propre nature. Ils sont déterminés par cette Nature à être heureux. Cet ouvrage démontre comment Spinoza a conçu et la métaphysique de la Substance et l'éthique, en vue de nous introduire à cette connaissance du bonheur qui en découle.
(Coll. La philosophie en commun, 20.50 euros, 204 p.)
ISBN : 978-2-343-09427-4, ISBN EBOOK : 978-2-14-001341-6

PENSER L'ÉPISTÉMOLOGIE DE KARL RAIMUND POPPER
Deuxième édition revue, corrigée et augmentée de la *belief revision* et de la rhétorique de l'onto-logique
Nguimbi Marcel
Cette nouvelle version, augmentée d'une référence à la *belief revision* et de la rhétorique de l'onto-logique, respectivement prétexte pour dire «

poppériennement » la non-monotonicité de nos raisonnements argumentatifs et prétexte pour analyser les rapports d'interaction entre Aristote, Tarski et Popper, sur la question de la « vérité-correspondance », rappelle le questionnement déjà porté sur l'épistémologie poppérienne. Tout comme la version initiale, la présente version demeure une exigence d'élargissement du schéma poppérien de la croissance du savoir scientifique.
(23.50 euros, 232 p.)
ISBN : 978-2-343-09083-2, ISBN EBOOK : 978-2-14-001601-1

LES PROCESSUS DE RÉCEPTION ET DE CRÉATION DES ŒUVRES D'ART
Approches à la première et à la troisième personnes
Lambert Xavier, Couchot Edmond
Cet ouvrage est écrit à quatre mains et porte sur la relation entre création artistique et sciences de la cognition. L'ouvrage propose deux approches de l'expérience esthétique. Une approche en troisième personne mobilisant des modèles propres aux systèmes dits auto-organisateurs issus de la biologie dédiée à la réception des œuvres d'art et une approche en première personne rendant compte par auto-analyse d'une pratique artistique vécue qui s'appuie également sur de tels systèmes, systèmes eux-mêmes liés aux concepts d'émergence et de complexité.
(Coll. Ouverture Philosophique, série Esthétique, 20.00 euros, 192 p., Illustré en N&B)
ISBN : 978-2-343-08893-8, ISBN EBOOK : 978-2-14-001451-2

LA RÉVOLTE DE L'UNIVERSEL
Pour une autre vision de la mondialisation
Rabby Sy Hamdou
La Révolte de l'universel se propose d'explorer d'autres axes pour une mondialisation débarrassée de la toute-puissance de ceux qui prétendent détenir le pouvoir au grand mépris de l'intérêt des peuples. Il y est question de l'expérience de la pensée comme le signifiant primordial et prioritaire de l'agir responsable. *La Révolte de l'universel* signifie se redonner le temps et la disponibilité pour le loisir de la pensée, de la création. Elle entend se concevoir comme une éthique de la vérité, de la liberté et de la responsabilité. À travers elle, l'ouvrage explore et expose un autre visage de la mondialisation.
(Coll. Questions contemporaines, 27.00 euros, 270 p.)
ISBN : 978-2-343-09558-5, ISBN EBOOK : 978-2-14-001504-5

L'HARMATTAN ITALIA
Via Degli Artisti 15; 10124 Torino
harmattan.italia@gmail.com

L'HARMATTAN HONGRIE
Könyvesbolt ; Kossuth L. u. 14-16
1053 Budapest

L'HARMATTAN KINSHASA
185, avenue Nyangwe
Commune de Lingwala
Kinshasa, R.D. Congo
(00243) 998697603 ou (00243) 999229662

L'HARMATTAN CONGO
67, av. E. P. Lumumba
Bât. – Congo Pharmacie (Bib. Nat.)
BP2874 Brazzaville
harmattan.congo@yahoo.fr

L'HARMATTAN GUINÉE
Almamya Rue KA 028, en face
du restaurant Le Cèdre
OKB agency BP 3470 Conakry
(00224) 657 20 85 08 / 664 28 91 96
harmattanguinee@yahoo.fr

L'HARMATTAN MALI
Rue 73, Porte 536, Niamakoro,
Cité Unicef, Bamako
Tél. 00 (223) 20205724 / +(223) 76378082
poudiougopaul@yahoo.fr
pp.harmattan@gmail.com

L'HARMATTAN CAMEROUN
BP 11486
Face à la SNI, immeuble Don Bosco
Yaoundé
(00237) 99 76 61 66
harmattancam@yahoo.fr

L'HARMATTAN CÔTE D'IVOIRE
Résidence Karl / cité des arts
Abidjan-Cocody 03 BP 1588 Abidjan 03
(00225) 05 77 87 31
etien_nda@yahoo.fr

L'HARMATTAN BURKINA
Penou Achille Some
Ouagadougou
(+226) 70 26 88 27

L'HARMATTAN SÉNÉGAL
10 VDN en face Mermoz, après le pont de Fann
BP 45034 Dakar Fann
33 825 98 58 / 33 860 9858
senharmattan@gmail.com / senlibraire@gmail.com
www.harmattansenegal.com

L'HARMATTAN BÉNIN
ISOR-BENIN
01 BP 359 COTONOU-RP
Quartier Gbèdjromèdé,
Rue Agbélenco, Lot 1247 I
Tél : 00 229 21 32 53 79
christian_dablaka123@yahoo.fr

Achevé d'imprimer par Corlet Numérique - 14110 Condé-sur-Noireau
N° d'Imprimeur : 132553 - Dépôt légal : octobre 2016 - *Imprimé en France*